LE RAPPORT BRAHIMI, 18 ANS PLUS TARD : QUE RESTE-T-IL À FAIRE?

LE RAPPORT BRAHIMI, 18 ANS PLUS TARD : QUE RESTE-T-IL À FAIRE?

Par Me Samuel Blais-Bergeron

Couverture : À Khaan Quest 2016, dans la zone d'entraînement de Five Hills, en Mongolie, le 29 mai 2016, un soldat de l'armée bangladaise ordonne à un figurant de s'arrêter. Cette station est l'une des onze zones d'entraînement qui exposent les participants à différents scénarios auxquels ils peuvent faire face au cours des opérations de maintien de la paix des Nations Unies. La formation en couloirs est une méthode d'entraînement qui permet à différentes unités de faire la rotation entre différentes stations pour renforcer les compétences nécessaires aux missions de maintien de la paix de l'ONU. Khaan Quest est un exercice multinational annuel d'opérations de maintien de la paix organisé par les Forces armées mongoles.

© AB Forces News Collection / Alamy Stock Photo

L'auteur est l'éditeur.
© Me Samuel Blais-Bergeron, octobre 2018
Montréal, Québec, Canada

ISBN 978-2-9817811-0-9
Dépôt légal : 2018
Dépôt légal - Bibliothèque et Archives nationales du Québec
Dépôt légal - Bibliothèque et Archives Canada

À Abigaëlle, qui, je l'espère,

vivra dans un monde plus

paisible que le nôtre.

TABLE DES MATIÈRES

LISTE DES FIGURES ET DES TABLEAUX

REMERCIEMENTS

J'aimerais dédier cet ouvrage à ma conjointe Jessica et à ma fille Abigaëlle pour leur support à travers cette étape importante de ma vie.

Je ne pourrais oublier ma famille, mes amis, mes collègues ainsi que mon directeur de recherche de l'époque, François Roch, qui m'ont apporté leur soutien inconditionnel et m'ont stimulé constamment avec leurs questions et commentaires.

Lors de la rédaction de cet ouvrage, j'ai réalisé à quel point il est aisé pour nous d'écrire sur un sujet dans le confort de notre foyer à plusieurs milliers de kilomètres de toute guerre. À travers les différents témoignages que j'ai pu lire pour ma rédaction, je n'ai pu qu'être épouvanté par l'horreur qu'ont subie les victimes de ces guerres. Un quotidien fait de peur et de violences physiques et émotionnelles. Des citoyens pris au piège dans un environnement hostile, stérile et sans aucune structure. Des citoyens d'un pays qui n'est qu'un vague souvenir.

Beaucoup de livres ont été écrits avec leur sang et c'est avec cette idée en tête et par respect pour ce qu'ils ont vécu qu'il faut prendre ce sujet, soit les opérations de maintien de la paix, avec le plus grand sérieux. Malgré les échecs et difficultés qui ont été décrits à travers ce livre, j'ai espoir de voir de mon vivant un monde sans guerre dans lequel pourra s'épanouir ma famille. Cela commence par vous, moi et tous ceux qui nous entourent. Ensemble, soyons garant de la sécurité collective.

LISTE DES ABRÉVIATIONS

CDI	Commission du droit international
CEDEAO	Communauté économique des États d'Afrique de l'Ouest
CEI	Communauté des États indépendants
CPI	Cour pénale internationale
DDR	Démobilisation, désarmement et réintégration
DIH	Droit international humanitaire
DOMP	Département des opérations de maintien de la paix
IDH	Indice de développement humain
OEA	Organisation des États américains
OMP	Opération(s) de maintien de la paix
ONG	Organisation(s) non gouvernementale(s)
OSCE	Organisation pour la sécurité et la coopération en Europe
OTAN	Organisation du traité de l'Atlantique Nord
ONU	Organisation des Nations Unies
RDC	République démocratique du Congo
RNB	Revenu national brut
TVA	Taxe sur la valeur ajoutée
UA	Union africaine
UE	Union européenne
URSS	Union des républiques socialistes soviétiques

INTRODUCTION

À la suite de la Deuxième guerre mondiale, la crise du canal de Suez marque la première divergence politique majeure entre les grandes puissances[1]. À cette époque, la nationalisation de ce canal par le président égyptien Nasser préoccupe les puissances occidentales qui y voit un frein à l'économie anglaise. Le conflit escalade jusqu'à un point où la Grande-Bretagne, la France et Israël planifient en secret une action militaire envers l'Égypte. Pendant ce temps, cette dernière décide de se procurer des armes en Union Soviétique. Le 29 octobre 1956, le conflit éclate : sans en avoir informé les États-Unis, ni les autres membres de l'OTAN, Israël attaque l'Égypte. Conformément aux accords secrets qu'ils ont passés, la Grande-Bretagne et la France somment Israël et l'Égypte de se retirer du canal. À la suite du refus égyptien, les deux puissances interviennent et bombardent le canal[2].

Lors de cette crise, le Canada s'est distingué par son rôle de conciliateur[3]. Lester B. Pearson, alors secrétaire d'État aux Affaires extérieures du Canada, voit les solutions diplomatiques échouer. C'est alors qu'il décide, de concert avec ses homologues à l'ONU, d'implanter au sein de celle-ci une force militaire de maintien de la paix qui va plus loin que le simple concept d'observateurs militaires. Cette solution a permis l'instauration d'un cessez-le-feu le 6 novembre et à la Grande-Bretagne, à la France ainsi qu'à Israël de retirer leurs forces. Les actions de Lester B. Pearson lui ont valu de recevoir le prix Nobel de la paix en 1957.

---

[1] *Crise de Suez*, en ligne : Encyclopédie canadienne <www.encyclopediecanadienne.ca/fr/article/crise-de-suez> [*Crise du Suez*].
[2] Sur cette question, voir Louise Richardson, « Avoiding and Incurring Losses: Decision-Making in the Suez Crisis » (1991) 47 Int'l J. 370 aux pp 371 et s.
[3] *Crise de Suez, supra* note 1.

Malgré le fait que l'idée même du concept de maintien de la paix puisse être antérieur à Pearson[4], ce dernier a définitivement implanté celui-ci au sein de l'ONU et a sans conteste joué un rôle de premier plan dans la création de la nouvelle Force d'urgence des Nations Unies qui a été déployée à l'époque.

Depuis ce temps, le monde a été le théâtre de plus de 71 opérations de maintien de la paix des Nations Unies, dont 14 sont toujours en cours[5]. Toutefois, l'histoire des opérations de maintien de la paix est loin d'être linéaire : de 13 opérations entre 1946 et 1987 (dont seulement trois entre 1967 et 1987)[6], leur nombre a explosé suivant la fin de la Guerre froide. De plus, avec le temps, tout en restant le pilier central en ce domaine, l'ONU a perdu le monopole des opérations de maintien de la paix[7]. Alors qu'en 1944, lors de la conférence de Dumbarton Oaks, les États-Unis, l'URSS, la Grande-Bretagne et la Chine avaient une vision universaliste de la sécurité collective, les dispositions du chapitre VIII de la Charte demeurèrent dans un état de relative léthargie tout au long de la Guerre froide[8]. La situation a évolué jusqu'à la reconnaissance du rôle croissant que celles-ci devraient être amenées à jouer dans le cadre des opérations de maintien de la paix dans le rapport *An agenda for Peace*[9] de 1992. Au cours des années, non seulement le nombre d'opérations s'est accru, mais les conditions nouvelles auxquels les casques bleus devaient faire face (par exemple dans des contextes de conflit intraétatique et sans nécessairement le consentement du

---

[4] Scott Hilton Derrah, *Father or Midwife? Lester B. Pearson and the origins of United Nations Peacekeeping*, mémoire de M Sc, University of New Brunswick, 1998 [non publié] à la p 6.
[5] Department of Public Information, *Monthly Summary of Military And Police Contribution to United Nations Operations*, en ligne: <peacekeeping.un.org/sites/default/files/msr_may_2018_1.pdf> [*Monthly Summary*], mis à jour en mai 2018. Pour une liste complète des opérations, voir l'Annexe I.
[6] Guillaume Devin et Marie-Claude Smouts, *Les organisations internationales*, Paris, Armand Colin, 2011 à la p 173 [*Devin et Smouts*].
[7] Angélique Mounier-Kuhn, « Les Opérations de Maintien de la Paix ont 60 ans », *Le Temps (Genève)* (le 29 mai 2008), en ligne : CÉRIUM <archives.cerium.ca/Les-Operations-de-maintien-de-la>.
[8] Michel Liégeois, *Le rôle des organisations régionales dans le maintien de la paix et de la sécurité internationales*, 2010, en ligne : Université catholique de Louvain <www.uclouvain.be/cps/ucl/doc/spri/images/Communication_M._Liegeois.pdf> [*Liégeois*] à la p 2.
[9] Voir le chapitre VII du rapport Boutros Boutros-Ghali, *An Agenda for Peace, Report of the Secretary-General pursuant to the statement adopted by the Summit Meeting of the Security Council on 31 January 1992*, Doc NU A/47/277-S/24111 (17 juin 1992).

2

gouvernement, le tout dans des environnements hostiles ou semi-hostiles[10]) ont mené à une réforme des opérations que l'on a nommés par la suite des opérations « multidimensionnelles »[11].

C'est dans ces conditions, aux côtés de l'ONU qui demeure l'acteur central du maintien de la paix, que ce sont impliquées notamment l'Organisation du Traité de l'Atlantique Nord (OTAN), l'Union européenne (UE), l'Union africaine (UA), ainsi que les organisations subrégionales africaines comme la Communauté économique des États d'Afrique de l'Ouest (CEDEAO) et d'autres institutions comme l'Organisation pour la sécurité et la coopération en Europe (OSCE), l'Organisation des États américains (OEA) ou la Communauté des États indépendants (CEI) qui ont apporté quant à elles des contributions plus limitées et ponctuelles[12]. Ces organisations sont présentes un peu partout dans le monde, tel qu'au Kosovo (KFOR), en Ukraine (EUAM Ukraine, OSCE Ukraine), en Moldavie (PKF, OSCE Moldavie) et en Guinée-Bissau (ECOMIB)[13], pour ne nommer que quelques exemples.

De nos jours, malgré une présence accrue des casques bleus sur la scène internationale, soit près de 92 000 personnes en uniforme[14], le Canada n'a jamais fourni aussi peu de militaires, soit un total de 40[15]. Toutefois, ce phénomène n'est

---

[10] *Liégeois, supra* note 8, à la p 5; Charles-Philippe David, *La guerre et la paix : Approches contemporaines de la sécurité et de la stratégie,* Paris, Presses de Sciences Po, 2006 aux pp 308-309 [*David*].
[11] Département des opérations du maintien de la paix, « Principes et Orientations des opérations de maintien de la paix de l'ONU : « la Doctrine Capstone» » (2008), en ligne : Nations Unies <www.un.org/fr/peacekeeping/documents/capstone_doctrine_fr.pdf> [*Capstone*] à la p 23.
[12] *Liégeois, supra* note 8 à la p 8.
[13] *Opérations en cours,* en ligne : Réseau de recherche sur les opérations de paix <www.operationspaix.net/operations-en-cours.html>.
[14] *Monthly Summary, supra* note 5.
[15] Département des opérations de maintien de la paix, *Troop and police contributors,* en ligne : Nations Unies <https://peacekeeping.un.org/en/troop-and-police-contributors>. Le nombre mentionné inclut les soldats et experts militaires et est à jour en date du 31 mai 2018 [*Troop and police contributors*]. N.d.A. : Le 18 mars 2018, le gouvernement du Canada a annoncé qu'il affectera une force opérationnelle aérienne à la MINUSMA, au Mali, pour un an. La force opérationnelle aérienne comptera jusqu'à 250 membres, ce qui, quoi que bien accueilli et représentant un bond à l'avant pour le Canada, reste inférieur aux contributions de d'autres pays du G7 comme l'Allemagne (858) et le Royaume-Uni (708). Pour plus d'informations sur la mission, voir *Opération PRESENCE – Mali,* en ligne : Gouvernement du Canada <www.canada.ca/fr/services/defense/fac/operations/operations-militaires/operations-en-cours/op-presence.html>.

pas limité au Canada; cette tendance s'observe également chez d'autres pays riches comme la Belgique (136), la Russie (86), les États-Unis (53), l'Australie (31), le Mexique (17) et le Japon (4). Ces nombres contrastent avec les contributions de certains pays ayant beaucoup moins de moyens que ceux mentionnés précédemment, comme l'Éthiopie (8417), le Bangladesh (7099), le Rwanda (6945), l'Inde (6712), le Pakistan (5995) et le Népal (5511). Comme nous le verrons dans ce livre, tout cela touche un problème grandissant au sein des opérations de maintien de la paix que certains auteurs appellent la « professionnalisation » des casques bleus[16]. En effet, les pays riches ont tendance à accorder des crédits à l'ONU, laquelle maximise ses ressources en engageant du personnel militaire de pays pauvres ou en voie de développement. Cependant, comme l'exposent les auteurs Devin et Smouts, cela ne garantit pas le « professionnalisme » des troupes et jette une ombre de partialité sur les opérations onusiennes, alors que revient aux pays du Sud le *peacekeeping* que personne ne veut faire et aux pays du Nord le *peace enforcement* là où le requièrent leurs intérêts.

Ce livre portera sur les opérations de maintien de la paix. Étant donné la multiplicité des types d'opérations et du nombre d'organisations en jeu, le présent ouvrage portera essentiellement sur les opérations sous pavillon de l'ONU. Les échecs de certaines de ces opérations y seront présentés afin de souligner l'importance d'apporter des réformes dans ce domaine. Après un bilan des récentes réformes depuis le Rapport Brahimi[17], nous viserons à dépasser les réformes déjà mises en œuvre et à voir ce qu'il reste à faire afin d'améliorer l'efficacité des opérations de maintien de la paix et d'éliminer certains angles morts qui minent la légitimité et la crédibilité de l'ONU en la matière.

De plus, nous nous questionnerons afin de déterminer si les institutions onusiennes actuelles sont suffisantes pour encadrer et gérer de manière efficace

---

[16] *Devin et Smouts, supra* note 6 à la p 180.
[17] Conseil de sécurité des Nations Unies, *Rapport du Groupe d'étude sur les opérations de paix de l'Organisation des Nations Unies*, Doc NU A/55/305 (21 août 2000) [*Rapport Brahimi*].

les opérations de maintien de la paix. La question centrale de ce livre est la suivante : au-delà des réformes impulsées par le Rapport Brahimi, existe-t-il des lacunes affectant la légitimité et la crédibilité des opérations de paix?

À ce stade, la réponse à notre hypothèse est positive et nous considérons que malgré les réformes, la pratique onusienne témoigne de lacunes importantes. À notre avis, les opérations de maintien de la paix sont nécessaires. L'ONU a le loisir de prendre le temps qu'elle souhaite afin de rectifier celles-ci, mais tant qu'elle ne procédera pas à des changements, la crédibilité et la légitimité de l'ONU et ses institutions en souffriront. En particulier, il reste à l'ordre du jour certains problèmes, notamment en termes de responsabilité pénale eu égard au respect des droits de l'homme et du droit international humanitaire, en termes de mandats clairs et de déploiement rapide ainsi qu'en termes de responsabilité et d'indemnisation des victimes. Tel que l'a déploré Allan Rock, ancien ambassadeur du Canada aux Nations unies :

> « The UN peacekeeping brand has been stained indelibly by three major sins. The first is the profound breach of trust committed by peacekeepers who abuse their position to sexually exploit vulnerable people in their care. [...] The second is the damage negligently caused to the innocent in Haiti when UN operations contaminated the water supply and sickened civilians with cholera. [...] The third is the abject failure of the United Nations to own up to these lapses, and to respond to them in an effective, principled way. »[18]

D'une part, nous verrons quels sont les mécanismes qui peuvent être enclenchés lors de crimes commis par des casques bleus à l'endroit de populations civiles et jugerons de leur efficacité. Nous croyons que les recours actuels ne permettent pas de réprimer adéquatement les actions criminelles de certains casques bleus et laissent place à l'impunité pour ces derniers. Ainsi, nous nous

---

[18] Allan Rock, « We must fix the UN's culture of coverups around peacekeeping », *Ottawa Citizen* (13 juin 2016), en ligne: <ottawacitizen.com/opinion/columnists/rock-we-must-fix-the-uns-culture-of-coverups-around-peacekeeping>.

situerons dans le prolongement du rapport de l'ancienne juge à la Cour suprême du Canada Marie Deschamps[19] et de celui d'ONU Femmes[20].

D'autre part, nous aborderons les délais de déploiement des opérations de maintien de la paix et de quelle manière cela a un impact sur les conflits. À ce titre, nous analyserons la Charte de l'ONU et plus particulièrement son article 43 qui est le mécanisme légal permettant à l'ONU d'avoir une armée en attente[21]. Nous verrons que les accords spéciaux spécifiés à l'article 43 n'ont jamais eu lieu et le Comité d'état-major des Nations Unies n'a conservé qu'un rôle purement consultatif au profit du Secrétariat qui s'est retrouvé au centre des activités militaires de l'ONU[22]. Ainsi, les actions prévues à l'article 42, incluant le recours à la force, sont appliquées par les membres directement[23] en accord avec les décisions du Conseil de sécurité. Nous argumenterons que sans force permanente ou à déploiement rapide à sa disposition, l'ONU est condamnée à revivre les erreurs du passé lors de conflits génocidaires. Cette pensée rejoint celle de différents auteurs, notamment Annie Herro[24] et Peter H. Langille[25], qui sont des sommités en la matière.

Finalement, nous verrons les mécanismes de compensations lorsqu'il y a des dommages qui sont causés à la population civile où se déroule une opération

---

[19] Marie Deschamps, Hassan B. Jallow et Yasmin Sooka. Rapport indépendant, « Taking Action on Sexual Exploitation and Abuse by Peacekeepers » (17 décembre 2015), en ligne : Nations Unies <www.un.org/News/dh/infocus/centafricrepub/Independent-Review-Report.pdf> [*Deschamps*].

[20] UN Women. Rapport indépendant, « A Global Study on the Implementation of United Nations Security Council resolution 1325 » (12 octobre 2015), en ligne: <www.peacewomen.org/sites/default/files/UNW-GLOBAL-STUDY-1325-2015%20(1).pdf> [*UN Women*].

[21] *Charte des Nations Unies*, 26 juin 1945, 15 C.N.U.C.I.O. 365, RT Can 1945 n° 7 (entrée en vigueur : 24 octobre 1945), art. 43 (1) [*Charte*]: « *Tous les Membres des Nations Unies, afin de contribuer au maintien de la paix et de la sécurité internationales, s'engagent à mettre à la disposition du Conseil de sécurité, sur son invitation et conformément à un accord spécial ou à des accords spéciaux, les forces armées, l'assistance et les facilités, y compris le droit de passage, nécessaires au maintien de la paix et de la sécurité internationales.* »

[22] Département de l'information, *Comité d'état-major des Nations Unies*, en ligne : Nations Unies «www.un.org/sc/suborg/fr/subsidiary/msc».

[23] *Charte, supra* note 21, art. 48.

[24] Annie Herro, *UN Emergency Peace Service and the Responsibility to Protect*, Routledge, Abingdon, 2015 [*UNEPS and the R2P*].

[25] Peter H. Langille, *Developing a United Nations Emergency Peace Service: Meeting Our Responsibilities to Prevent and Protect*, Basingstoke, Palgrave Macmillan, 2016.

de maintien de la paix. Nous soulignerons la tendance de l'ONU à se cacher derrière ses immunités, malgré les dispositions présentes dans l'*Accord sur le statut des forces*[26] qui est signé entre cette dernière et le pays hôte de l'opération. Alors que certains auteurs, comme l'avocat américain Brett Schaefer[27], considèrent qu'une indemnisation des victimes provenant de l'ONU causerait une réduction des activités de l'ONU au détriment de la responsabilité individuelle de ses membres, nous sommes d'avis que la position de l'ONU est intenable et qu'il est de son devoir d'offrir une réparation appropriée plutôt que de prendre le risque de se voir imposer celle-ci par des tribunaux nationaux.

Les problématiques entourant les opérations de maintien de la paix représentent non seulement un sujet d'actualité, mais ont été traitées également à de nombreuses reprises par le passé à la suite de conflits internationaux, notamment ceux du début des années 90 comme au Rwanda, en ex-Yougoslavie et en Somalie, conflits qui ont mené par ailleurs à la rédaction du rapport Brahimi. Depuis, de nombreux auteurs[28], soit internationalistes, militaires, politologues, sociologues, historiens et juristes, se sont penchés sur le sujet et ont contribué au débat.

Le présent livre est divisé en deux parties. Dans la première partie, nous donnerons un aperçu de l'essor des opérations de maintien de la paix, de leur diversité et des récents développements dans le domaine. En bref, depuis 1956, nous pouvons déceler deux périodes qui ont marqué le développement des opérations de maintien de la paix. La première est celle suivant le retrait de la Force d'urgence des Nations Unies en 1967 jusqu'à la fin des années 80 (1967-

---

[26] Secrétariat des Nations Unies, *Modèle d'accord sur le statut des forces pour les opérations de maintien de la paix*, Doc. off. AG NU, 45e sess., Ordre du jour, point 76, Doc. NU A/45/594 (1990) [*Modèle d'accord sur le statut des forces*].

[27] Brett D. Schaefer, *Haiti Cholera Lawsuit Against the U.N.: Recommendations for U.S. Policy*, en ligne: The Heritage Foundation <www.heritage.org/research/reports/2013/11/haiti-cholera-lawsuit-against-the-un-recommendations-for-us-policy> [*Schaefer*].

[28] Voir notamment les travaux de Stephen P. Kinloch, Evelyne Lagrange, Alexandra Harrington, A.W. Gunder, Peter H. Langille, Annie Herro, Alex Morrison, Carl Conetta et Charles Knight ainsi que les documents produits par Médecins sans frontières, le CICR et le Bureau des avocats internationaux (voir la bibliographie pour une liste non exhaustive des écrits des auteurs précités).

1987). La deuxième est celle comprenant la fin des années 80 jusqu'à nos jours (1987-2017). Nous traiterons ensuite des différences entre les quatre types d'opérations de paix et verrons les récents développements dans les opérations, notamment au niveau de l'utilisation de la force au sein des opérations.

De plus, nous ferons le bilan des récentes réformes dans le domaine depuis le Rapport Brahimi de 2000[29]. Nous verrons les principaux rapports émis pour le compte de l'ONU, en passant par la doctrine Capstone[30] ainsi que l'initiative Un Nouvel horizon[31] pour terminer avec le rapport du High-Level Independent Panel on United Nations Peace Operations[32].

Dans la deuxième partie, nous analyserons trois lacunes qui semblent non résolues à travers les OMP déployées depuis les années 2000[33].

Premièrement, nous verrons le problème des crimes commis par les casques bleus. Nous analyserons le rapport accablant de l'ancienne juge à la Cour suprême du Canada Marie Deschamps démontrant l'inaction de l'ONU face aux allégations de viols qui auraient été commis par des soldats en Centrafrique[34]. De plus, nous examinerons avec les auteurs Devin et Smouts les problèmes engendrés par le phénomène de la professionnalisation des casques bleus[35]. Ensuite, via la situation en Centrafrique, nous verrons les recours possibles envers les membres des opérations de maintien de la paix à l'aide de différents auteurs[36] et s'ils sont appliqués et efficaces. En outre, nous aborderons les possibles solutions afin

---

[29] *Rapport Brahimi, supra* note 17.

[30] *Capstone, supra* note 11.

[31] Département des opérations du maintien de la paix, « Un partenariat renouvelé : définir un nouvel horizon pour les opérations de maintien de la paix des Nations Unies » (17 juillet 2009), en ligne : Nations Unies <www.un.org/fr/peacekeeping/documents/nh_fr_rev_temp.pdf> [*Nouvel horizon*].

[32] Assemblée générale, *Unissons nos forces pour la paix: privilégions la politique, les partenariats et l'action en faveur des populations*, Doc NU A/70/95 (17 juin 2015) [*HIPPO*].

[33] Voir l'Annexe I pour la liste des opérations onusiennes depuis 1948.

[34] *Deschamps, supra* note 19.

[35] *Devin et Smouts, supra* note 6 à la p 180.

[36] Evelyne Lagrange et Jean-Marc Sorel, *Droit des organisations internationales*, Paris, L.G.D.J., 2013 [*Lagrange et Sorel*]; Patrick Daillier, Mathias Forteau et Alain Pellet, *Droit international public*, 8e éd, Paris, L.G.D.J., 2009 [*Daillier, Forteau et Pellet*]; Svetlana Zašova, *Le cadre juridique de l'action des casques bleus*, Paris, Publications de la Sorbonne, 2014 [*Zašova*].

qu'aucun crime, sexuel ou autre, commis par un casque bleu ne reste impuni, et que les victimes soient indemnisées, à l'aide notamment des récents rapports présentés par ONU Femmes[37] et par le High-Level Independent Panel on United Nations Peace Operations[38] et de différents auteurs. Finalement, nous analyserons la possibilité pour la CPI de juger de tels crimes, de la possible création d'un tribunal pénal international spécifique pour ce type de crimes et de différentes autres options.

Deuxièmement, nous aborderons les problématiques des mandats et des délais de déploiement tout en gardant en tête les échecs de l'ONU des années 1990. Nous verrons que malheureusement, ni les États s'étant engagés à prévenir le génocide[39] ni l'Organisation des Nations Unies, dont le but premier est de maintenir la paix et la sécurité internationales[40], n'ont su répondre adéquatement à ces crises. En effet, l'inexistence des opérations de maintien de la paix dans la Charte, les difficultés reliées à l'élaboration de mandats clairs et réalisables ainsi que le refus de ses membres d'appliquer l'article 43, soit de s'engager à mettre à la disposition du Conseil de sécurité les forces armées, l'assistance et les facilités, y compris le droit de passage, nécessaires au maintien de la paix et de la sécurité internationales, mènent à une efficacité douteuse dans des conflits où il n'y a plus de paix à maintenir. Par la suite, nous ferons un survol d'une solution discutée depuis fort longtemps qui permettrait de corriger la situation et d'augmenter l'efficacité des opérations de maintien de la paix, soit la mise en place d'une force permanente onusienne. De plus, nous verrons des solutions alternatives et/ou temporaires qui s'avéreraient utiles pour l'ONU.

---

[37] *UN Women, supra* note 20.
[38] *HIPPO, supra* note 32.
[39] *Convention pour la prévention et la répression du crime de génocide*, 9 décembre 1948, 78 R.T.N.U. 277 (entrée en vigueur : 12 janvier 1951), art. 1 [*Convention sur le génocide*]. 148 États sont parties à la Convention : Bureau des affaires juridiques, *Traités multilatéraux déposés auprès du Secrétaire général*, en ligne : Nations Unies <https://treaties.un.org/Pages/ParticipationStatus.aspx?clang=_fr>.
[40] *Charte, supra* note 21, art. 1 (1)

Troisièmement, nous analyserons la notion de responsabilité lors de dommages causés lors d'OMP, particulièrement à travers la situation en Haïti où les casques bleus népalais auraient amené le choléra en 2010. Le mutisme de l'ONU ainsi que son refus d'admettre sa responsabilité, du moins morale, avant 2016[41] avaient mené des organisations comme le Bureau des avocats internationaux[42] à la poursuivre devant un tribunal américain, d'où les deux décisions *Georges v United Nations*[43]. Comme nous le verrons à l'aide de différents rapports[44], déclarations[45] et reportages[46], l'ONU a appliqué son réflexe habituel, soit celui de se cacher derrière son immunité, renforçant par le fait même le cynisme à son endroit. Nous soulèverons les différents recours disponibles contre l'ONU, leur efficacité ainsi que les solutions qui pourraient être mises en place afin d'éviter que d'autres injustices ne soient commises, sans remettre nécessairement en cause les immunités de l'ONU.

---

[41] Jonathan M. Katz, « U.N. Admits Role in Cholera Epidemic in Haiti », *The New York Times* (17 août 2016), en ligne: <www.nytimes.com/2016/08/18/world/americas/united-nations-haiti-cholera.html>.

[42] Bureau des avocats internationaux, « Justice for Haiti cholera victims : the lawsuit against the United Nations – Frequently Asked Questions » (2014), en ligne: <www.ijdh.org/wp-content/uploads/2014/12/Cholera-Litigation-FAQ-12.16.2014.pdf> [*BAI*] à la p 3.

[43] *Georges v United Nations*, 13-CV-7146 (NY Dist Ct 2015) [*Georges NY Dist Ct*]; *Georges v United Nations*, 15-455-CV (US Ct of Appeals, 2nd Circuit 2016) [*Georges US Ct of Appeals*].

[44] Alejandro Cravioto et al. Rapport indépendant, « Final Report of the Independent Panel of Experts on the Cholera Outbreak in Haiti » (4 mai 2011), en ligne: Nations Unies <www.un.org/News/dh/infocus/haiti/UN-cholera-report-final.pdf> [*Cravioto*]; Assemblée générale des Nations Unies, *Rapport du Rapporteur spécial sur l'extrême pauvreté et les droits de l'homme*, Doc NU A/71/367 (26 août 2016) [*Alston*].

[45] Porte-parole du Secrétaire général Ban Ki-moon, *Statement attributable to the Spokesperson for the Secretary-General on the Independent Expert Panel's report regarding the Cholera outbreak in Haiti*, en ligne: Nations Unies <www.un.org/sg/STATEMENTS/index.asp?nid=5245> [*Porte-parole du Secrétaire général Ban Ki-moon*]; Secrétaire général, *Activités du Secrétaire général en Haïti les 14 et 15 juillet 2014*, 18 juillet 2014, Doc NU SG/T/2967 (2014); *BAI, supra* note 42 à la p 3.

[46] France 24, « Le drame du choléra en Haïti » (13 octobre 2014), en ligne : France 24 <www.france24.com/fr/20141010-reporters-video-haiti-cholera-seisme-casques-bleus-onu-nepal-nepalais> [*France 24*].

PARTIE I

LES OPÉRATIONS DE MAINTIEN DE LA PAIX ET LES RÉCENTS DÉVELOPPEMENTS EN LA MATIÈRE

Dans cette partie, nous déterminerons ce que sont les OMP ainsi que leur cadre juridique (I) et ferons un bilan des réformes ainsi que des propositions élaborées dans les divers rapports depuis Brahimi (II), dont certaines sont restées sans réponses.

CHAPITRE I – CADRE JURIDIQUE DES OMP

Dans ce chapitre, nous ferons une synthèse du cadre juridique et conceptuel entourant les OMP. Nous verrons dans l'ordre :

(A) La Charte de l'ONU, les définitions des OMP et les mandats;

(B) Le droit international humanitaire et les droits de l'homme;

(C) Les principes de base du maintien de la paix;

(D) L'évolution de l'utilisation de la force au sein des opérations;

(E) La diversité des activités dans le cadre d'OMP.

A. La Charte de l'ONU, les définitions des OMP et les mandats

Le sujet des opérations de maintien de la paix revêt un intérêt particulier pour le droit international. Afin d'assurer le maintien de la paix et de la sécurité internationales dont le Conseil de sécurité est investi, la Charte prévoit certains moyens à ses chapitres VI, VII et VIII. Le chapitre VI porte sur les modes de règlement pacifique des différends[47], alors que le chapitre VII prévoit des mesures coercitives sans ou avec le recours à la force en cas *« d'une menace contre la paix, d'une rupture de la paix ou d'un acte d'agression »*[48]. Le chapitre VIII prévoit l'existence d'accords ou d'organismes régionaux dans le cadre du maintien de la paix et de la sécurité internationales en autant que ces accords ou ces organismes et leur activité soient compatibles avec les buts et les principes des Nations Unies[49]. Qu'en est-il des opérations de maintien de la paix ? Ces dernières ne sont pas mentionnées dans la Charte, malgré qu'elles soient un des outils majeurs employé par l'ONU pour accomplir ses buts[50]. Elles sont plutôt des mécanismes *sui generis* créés par le Conseil de sécurité ou très exceptionnellement par l'Assemblée générale[51].

Incidemment, nous ne retrouvons pas de définition des opérations de maintien de la paix dans la Charte, ni même dans aucun traité international. En effet, le Comité spécial des opérations de maintien de la paix a souligné cette difficulté en 2005[52]. En 2008, le Département des OMP (DOMP) de l'ONU a tenté la définition suivante : *« une mesure intérimaire visant à appuyer les efforts de gestion d'un conflit et à créer un environnement propice à la négociation d'un accord de paix durable »*[53]. Toutefois, du côté de la doctrine, nous retrouvons une grande quantité de propositions différentes[54].

---

[47] *Charte, supra* note 21, art. 33 (1).
[48] *Ibid*, art. 39 à 42.
[49] *Ibid*, art. 52 à 54.
[50] *Capstone, supra* note 11 à la p 13. Pour les buts de l'ONU, voir *Charte, supra* note 21, art. 1.
[51] Pour un organigramme des différents organes de l'ONU, voir *The United Nations System*, en ligne : Nations Unies <www.un.org/en/aboutun/structure/pdfs/UN_System_Chart_30June2015.pdf>.
[52] Assemblée générale des Nations Unies, *Rapport du Comité spécial des opérations de maintien de la paix et de son Groupe de travail*, Doc NU A/60/19 (22 mars 2006) à la p 7, par 37 [*Comité spécial*].
[53] *Capstone, supra* note 11 à la p 22.
[54] Voir notamment Jocelyn Coulon et Michel Liégeois, « Qu'est-il advenu du maintien de la paix ? L'avenir d'une tradition » (2010) Institut Canadien de la Défense et des Affaires Étrangères, document de travail, en ligne : <www.operationspaix.net/DATA/DOCUMENT/416~v~Qu_est-il_advenu_du_maintien_de_la_paix__L_avenir_d_une_tradition.pdf>; Yves Petit, *Droit international du maintien de la paix*, Paris, L.G.D.J., 2000 [*Petit*] à la p 40; Evelyne Lagrange, *Les opérations de maintien de la paix et le chapitre VII de la charte des Nations Unies*, Paris, Montchrestien, 1999 à la p 19; Peacekeeping Forces, *Max Planck Encyclopedia of Public International Law*, New York, Oxford University Press, 2008, en ligne : Oxford Public International Law : <opil.ouplaw.com/view/10.1093/law:epil/9780199231690/law-9780199231690-e365?prd=EPIL>.

Entre autres, Yves Petit a tenté de les définir de manière négative, tel que « *les OMP (...) sont toutes les opérations militaires et paramilitaires qui sont organisées sous la pression de la nécessité, faute de pouvoir mettre en œuvre les mécanismes de l'article 43 [...]* »[55]. Cette définition est intéressante, car elle soulève une des problématiques de ce livre que nous verrons plus loin. Toutefois, la définition qui semble la plus juridique à notre sens est celle du Dictionnaire de droit international public, qui la définit comme suit :

> « Une opération internationale non coercitive des Nations Unies réalisée par des contingents nationaux volontaires décidés par le Conseil de sécurité ou par l'Assemblée Générale et consistant en l'observation ou l'interposition lors d'un différend pour sauvegarder ou garantir la paix sur le territoire d'un État qui a donné son consentement à l'opération. »[56]

Par contre, tel que nous le verrons, la non coercition et le consentement de l'État ont évolué dans le domaine des OMP depuis 2001, date du rapport Brahimi.

Pour créer une OMP, le Conseil de sécurité n'est pas obligé de se référer à un chapitre précis de la Charte[57]. Dans leurs débuts, les OMP ont été associées au chapitre VI de la Charte. Toutefois, comme nous le verrons dans les prochains chapitres, il est fréquent maintenant d'invoquer le Chapitre VII peu importe le type de mission, étant donné que l'environnement dans lequel évolue la mission peut se dégrader et que cela permet de riposter par la force si nécessaire[58]. Les OMP se déploient sur la base d'un mandat du Conseil de sécurité, lequel définit les tâches précise que l'OMP doit accomplir[59]. Ces mandats sont influencés par la nature et le contenu des accords conclus entre les parties en conflit, mais certaines

---

[55] *Petit, supra* note 54 à la p 40.
[56] Jean J.A. Salmon, dir, *Dictionnaire de droit international public*, Bruxelles, Bruylant, 2001 à la p 808.
[57] *Capstone, supra* note 11 à la p 14.
[58] Assemblée générale des Nations Unies, *Rapport du Groupe de personnalités de haut niveau sur les menaces, les défis et le changement*, Doc NU A/59/565 (2 décembre 2004) [*Rapport Panyarachun*] à la p 63.
[59] *Capstone, supra* note 11 à la p 16.

tâches sont régulièrement confiées aux OMP en fonction de certaines résolutions historiques[60], comme la résolution 1325 sur les femmes, la paix et la sécurité[61], la résolution 1612 sur les enfants et les conflits armés[62] et la résolution 1674 sur la protection des populations civiles dans les conflits armés[63].

À la lumière des nombreuses définitions présentées précédemment, et de la difficulté pour le Comité spécial des opérations de maintien de la paix de trouver une seule définition pour décrire l'ensemble des OMP, il est effectivement difficile de s'arrêter sur une seule définition. Tel que nous le verrons, plusieurs opérations sont devenues « multidimensionnelles » et leur mandat, de plus en plus complexe, couvre un éventail d'activités et d'objectifs, notamment politique, de sécurité, de protection, de restauration de l'état de droit et de respect des droits de l'homme. Nous ne retiendrons donc pas en l'espèce de définition précise, mais nous nous concentrerons plutôt sur les principes directeurs des OMP, soit le consentement des parties, l'impartialité et le non recours à la force, sauf en cas de légitime défense, tel qu'abordés dans la section C de ce chapitre.

---

[60] *Capstone, supra* note 11 à la p 16.
[61] Conseil de sécurité, *Résolution 1325 du Conseil de sécurité sur les femmes, la paix et la sécurité*, 31 octobre 2000, Doc NU S/RES/1325 (2000) [*Résolution 1325*].
[62] Conseil de sécurité, *Résolution 1612 du Conseil de sécurité sur les enfants et les conflits armés*, 26 juillet 2005, Doc NU S/RES/1612 (2005).
[63] Conseil de sécurité, *Résolution 1674 du Conseil de sécurité sur la protection des populations civiles dans les conflits armés*, 28 avril 2006, Doc NU S/RES/1674 (2006).

B. Le droit international humanitaire et les droits de l'homme

Le droit international humanitaire (DIH) encadre les actes des parties à un conflit et est conçu pour protéger ceux qui ne participent pas ou ne participent plus au conflit, comme les civils, les victimes et les non-combattants[64]. Le droit international humanitaire contemporain a deux sources principales : le droit de La Haye, c'est-à-dire les dispositions qui régissent la conduite des hostilités, et le droit de Genève, qui est constitué de l'ensemble des règles qui protègent les victimes de la guerre[65].

Le droit de La Haye, dit droit de la guerre, détermine les droits et devoirs des belligérants dans la conduite des hostilités et restreint le choix des moyens de nuire[66]. Il est composé des Déclarations de La Haye de 1899[67] et des Conventions de La Haye de 1907[68]. Le droit de Genève, dit droit humanitaire, tend à protéger les militaires hors de combat et les personnes qui ne participent pas aux

---

[64] *Capstone, supra* note 11 à la p 15.

[65] François Bugnon, « Droit de Genève et droit de la Haye » (2001) 83 Revue Intl Croix-Rouge 901 à la p 901.

[66] Lison Néel, « Échecs et compromis de la justice pénale internationale (Note) » (1998) 29:1 Études internationales 85 aux pp 85 et 87 [*Néel*].

[67] *Déclaration (IV,2) de la Haye interdisant les gaz asphyxiants*, 29 juillet 1899 (entrée en vigueur : 4 septembre 1900) et *Déclaration de la Haye (IV,3) interdisant les balles qui s'aplatissent*, 29 juillet 1899 (entrée en vigueur : 4 septembre 1900). Pour les textes complets, voir *Traités, États parties et Commentaires*, en ligne : CICR <ihl-databases.icrc.org/applic/ihl/dih.nsf/vwTreatiesByTopics.xsp>.

[68] *Ibid. Convention (I) relative au règlement pacifique des conflits internationaux*, 18 octobre 1907 (entrée en vigueur : 11 juillet 1910), *Convention (III) de la Haye relative à l'ouverture des hostilités*, 18 octobre 1907 (entrée en vigueur : 26 janvier 1910), *Convention (IV) de la Haye concernant les lois et coutumes de la guerre sur terre*, 18 octobre 1907 (entrée en vigueur : 26 janvier 1910), *Convention (V) de la Haye sur les Puissances neutres en cas de guerre sur terre*, 18 octobre 1907 (entrée en vigueur : 26 janvier 1910), *Convention (VI) de la Haye sur le régime des navires de commerce ennemis*, 18 octobre 1907 (entrée en vigueur : 26 janvier 1910), *Convention (VII) de la Haye sur la transformation des navires de commerce en bâtiments de guerre*, 18 octobre 1907 (entrée en vigueur : 26 janvier 1910), *Convention (VIII) de la Haye sur les mines sous-marines*, 18 octobre 1907 (entrée en vigueur : 26 janvier 1910), *Convention (IX) de la Haye sur le bombardement par les forces navales*, 18 octobre 1907 (entrée en vigueur : 26 janvier 1910), *Convention (XI) de la Haye relative à des restrictions du droit de capture*, 18 octobre 1907(entrée en vigueur : 26 janvier 1910), *Convention (XIII) de la Haye sur les Puissances neutres en cas de guerre maritime*, 18 octobre 1907 (entrée en vigueur : 26 janvier 1910), *Déclaration (XIV) de la Haye interdisant les projectiles lancés de ballons*, 18 octobre 1907 (entrée en vigueur : 27 novembre 1909).

hostilités[69]. Son corpus juridique, protégeant la personne en cas de conflit armé, est composé des quatre conventions de Genève de 1949[70] et des deux Protocoles additionnels de 1977[71].

Auparavant, les opposants à l'application du DIH aux forces multinationales, que ce soit sous l'égide de l'ONU ou sous son commandement et son contrôle, avançaient qu'elles ne pouvaient pas être considérées comme « parties » à un conflit au sens des conventions de Genève étant donné la nature impartiale et objective du mandat qu'il leur était accordé[72]. Toutefois, l'implication plus directe des casques bleus dans des combats dans les années 90 a relancé le débat et conduit à l'adoption de la Circulaire du Secrétaire général sur le respect du droit international humanitaire par les forces des Nations Unies en 1999[73]. Ainsi, il est reconnu de nos jours que les casques bleus deviennent partie au conflit et sont liés par le DIH lorsqu'ils participent activement aux combats lors d'un conflit armé. Ce fut le cas par exemple lorsque les casques bleus de la MONUSCO ont mené des attaques par hélicoptère à l'encontre de rebelles en 2012, en soutien aux forces congolaises[74]. Les principes et règles fondamentaux du DIH s'appliquent donc dans les interventions de contrainte et dans les

---

[69] *Néel, supra* note 66 à la p 86.
[70] *Convention de Genève pour l'amélioration du sort des blessés et des malades dans les forces armées en campagne*, 12 août 1949, 75 R.T.N.U. 31 (entrée en vigueur : 21 octobre 1950); *Convention de Genève pour l'amélioration du sort des blessés, des malades et des naufragés des forces armées sur mer*, 12 août 1949, 75 R.T.N.U. 85 (entrée en vigueur : 21 octobre 1950); *Convention de Genève relative au traitement des prisonniers de guerre*, 12 août 1949, 75 R.T.N.U. 135 (entrée en vigueur : 21 octobre 1950) *Convention de Genève relative à la protection des personnes civiles en temps de guerre*, 12 août 1949, 75 R.T.N.U. 287 (entrée en vigueur : 21 octobre 1950) [*Conventions de Genève*].
[71] *Protocole additionnel aux Conventions de Genève du 12 août 1949 relatif à la protection des victimes des conflits armés internationaux*, 8 juin 1977, 1125 R.T.N.U. 3 (entrée en vigueur : 7 décembre 1978); *Protocole additionnel aux Conventions de Genève du 12 août 1949 relatif à la protection des victimes des conflits armés non internationaux*, 8 juin 1977, 1125 R.T.N.U. 609 (entrée en vigueur : 7 décembre 1978).
[72] Jérémie Labbé et Arthur Boutellis, « Les opérations de maintien de la paix par procuration : conséquences des partenariats de maintien de la paix de l'ONU avec des forces de sécurité non-onusiennes sur l'action humanitaire » (2013) 95 Revue Intl Croix-Rouge 47 aux pp 55 et 56 [*Labbé et Boutellis*].
[73] Secrétariat des Nations Unies, *Circulaire du Secrétaire général : Respect du droit international humanitaire par les forces des Nations Unies*, 6 août 1999, doc NU ST/SGB/1999/13 (1999) [*Circulaire sur le respect du droit international*].
[74] *Labbé et Boutellis, supra* note 72 à la p 56.

opérations de maintien de la paix, quand l'emploi de la force est autorisé dans l'exercice de la légitime défense[75]. Par exemple, l'article 5 de la Circulaire spécifie que les forces onusiennes doivent prendre toutes les précautions possibles pour éviter ou réduire au minimum les pertes en vies humaines dans la population civile et qu'elles n'useront pas de représailles contre les personnes civiles ou les biens à caractère civil. L'article 6 inclut également un principe coutumier et fondamental du droit humanitaire, qui prescrit que le choix des moyens et des méthodes de combat n'est pas illimité[76]. Il leur est donc interdit d'utiliser des *« des gaz asphyxiants, toxiques ou assimilés et des méthodes de guerre biologiques, des balles qui explosent, se dilatent ou s'aplatissent facilement dans le corps humain, et certains projectiles explosifs »*[77]. L'obligation de traiter les civils et les personnes hors de combat avec humanité et sans discrimination est prévue à l'article 7, et on y spécifie que *« les femmes sont protégées spécialement contre toute atteinte à leur intégrité physique, en particulier contre le viol, la prostitution forcée et toute autre forme de violence sexuelle »*[78]. La même protection s'applique également aux enfants.

De plus, à l'article premier de la Charte, nous retrouvons les buts des Nations Unies, ce qui comprend *« réaliser la coopération internationale [...] en développant et en encourageant le respect des droits de l'homme et des libertés fondamentales pour tous, sans distinctions de race, de sexe, de langue ou de religion »*[79]. La doctrine Capstone spécifie que les OMP *« doivent évoluer dans le respect total des droits de l'homme tout en essayant de faire avancer les droits de l'homme à travers la mise en œuvre de leur mandat »*[80]. Ainsi, le personnel des OMP doit respecter ces droits dans leurs rapports avec leurs collègues et la population locale et ceux qui commettent des abus doivent être tenus responsables

---

[75] *Circulaire sur le respect du droit international, supra* note 73, art. 1.
[76] Anne Ryniker, « Respect du droit international humanitaire par les forces des Nations Unies » (1999) 81 Revue Intl Croix-Rouge 795 à la p 810.
[77] *Circulaire sur le respect du droit international, supra* note 73, art. 6.2.
[78] *Ibid*, art. 7.3.
[79] *Charte, supra* note 21, art. 1(3).
[80] *Capstone, supra* note 11 aux pp 14 et 15.

de leurs actes[81]. La violation du DIH ou des droits de l'homme par des casques bleus entrerait non seulement en contradiction cet ensemble de règles, mais pourrait également engager la responsabilité internationale de l'ONU. Comme nous le verrons plus en détail dans le Chapitre III de la Partie II de ce livre, les organisations internationales peuvent voir leur responsabilité internationale engagée si des comportements illicites leur sont imputables[82]. On retrouve ce principe notamment à l'article 3 du Projet d'articles sur la responsabilité des organisations internationales qui stipule que « *tout fait internationalement illicite d'une organisation internationale engage sa responsabilité internationale* » [83]. Afin de retenir la responsabilité internationale d'une organisation internationale, il n'est pas nécessaire qu'il y ait une « faute »[84], mais on devra prouver deux éléments, soit qu'un manquement au droit international a été commis et que ce manquement peut être attribué à un sujet de cet ordre juridique[85]. Ce manquement peut venir par exemple du fait de ne pas respecter le contenu des Conventions de Genève ou de la Déclaration universelle des droits de l'homme[86] ou d'une négligence commise par l'ONU. De plus, une organisation internationale pourra voir sa responsabilité internationale retenue du fait d'un de ses organes ou d'un organe mis à sa disposition par une autre organisation internationale ou un autre État[87], ce qui peut inclure, comme nous le verrons, les actions commises par les casques bleus lors d'une OMP.

---

[81] *Capstone, supra* note 11 à la p 15.

[82] *Daillier, Forteau et Pellet, supra* note 36 à la p 871.

[83] Commission du droit international, *Projet d'articles sur la responsabilité des organisations internationales*, ONU, New York, 2011 [*PAROI*].

[84] Pierre-Marie Dupuy et Yann Kerbrat, *Droit international public*, 12e éd, Paris, Dalloz, 2014 [*Dupuy et Kerbrat*] à la p 513.

[85] *Ibid* aux pp 512 et 513; *Daillier, Forteau et Pellet, supra* note 36, à la p 854; *PAROI, supra* note 83, art. 4.

[86] *Déclaration universelle des droits de l'homme*, Rés. AG 217 (III), Doc. off AG NU, 3e sess., supp. n 013, Doc. NU A/81O (1948) 71 [*Déclaration universelle des droits de l'homme*].

[87] *PAROI, supra* note 83, art. 6 et 7.

C. Les principes de base du maintien de la paix des Nations Unies

Malgré l'absence des OMP dans la Charte, des principes directeurs se sont appliqués aux OMP dès leur création :

- Le consentement des parties;
- l'impartialité; et
- le non recours à la force, sauf en cas de légitime défense.[88]

De façon générale, les OMP se déploient avec le consentement des principales parties au conflit. Par contre, comme le mentionne la doctrine Capstone, le consentement de ces parties *« n'implique ni ne garantit l'existence d'un consentement au niveau local ou tactique, surtout lorsque ces parties sont parcourues de divisions internes ou possèdent une structure de commandement faible »*[89]. Ce consentement permet aux OMP d'avoir la liberté d'action politique et physique requise pour mener à bien leur mandat. Autrement, les OMP risquent de se voir impliquées dans le conflit et de s'éloigner de leur but premier de maintenir la paix. Il ne faut pas oublier que la nature consensuelle des OMP s'explique au premier chef par le principe de souveraineté et de non-ingérence dans les affaires interne, lequel est souligné à l'article 2 de la Charte[90]. Toutefois, comme nous le verrons dans les prochaines sections, si un conflit représente une menace à la paix et à la sécurité internationales, le Conseil de sécurité peut autoriser une opération sans l'accord des parties au conflit et son activité sera donc considérée comme de l'imposition de la paix[91].

De plus, une OMP doit *« s'acquitter de son mandat sans faveur envers ni préjudice à l'égard d'une ou l'autre des parties »*[92], entre autres afin de

---

[88] *Capstone, supra* note 11 à la p 34.
[89] *Ibid* aux pp 35 et 36.
[90] Voir notamment les paragraphes 2(1), 2(4) et 2(7).
[91] *Ibid* à la p 47.
[92] *Ibid* à la p 36.

préserver le consentement et la coopération des parties au conflit, mais cette impartialité n'équivaut pas à de la neutralité et ne doit pas justifier l'inaction des casques bleus. Cette impartialité est cruciale au bon fonctionnement d'une OMP, et il est nécessaire que les actions des OMP soient bien établies, comprises et clairement communiquées à tous[93]. Autrement, il y a un risque de perte de crédibilité et de légitimité, ce qui peut entraîner le retrait du consentement à la présence de l'OMP par une ou plusieurs parties au conflit.

En ce qui concerne le non recours à la force sauf en cas de légitime défense, ce principe a été introduit lors du premier déploiement de casques bleus armées en 1956, et a été élargi par la suite pour y inclure la défense du mandat[94]. Par exemple, certaines missions ont reçu un mandat « robuste » les autorisant à prévenir toute tentative de troubler le processus de paix, à protéger les civils en cas de menace imminente d'atteinte à leur intégrité physique ou à aider les autorités nationales à maintenir l'ordre public[95]. L'usage de la force sert ainsi à influencer ou dissuader ceux qui agissent contre le processus de paix ou qui s'attaque à des civils[96]. Toutefois, l'usage de la force devrait tenir compte de plusieurs facteurs, comme les capacités de la mission, les perceptions publiques, l'impact humanitaire, la sécurité du personnel et l'impact que cela pourrait avoir sur le consentement des parties[97].

---

[93] *Capstone, supra* note 11 à la p 37.
[94] *Ibid* à la p 37.
[95] *Ibid.*
[96] *Ibid* à la p 38.
[97] *Ibid* à la p 39.

D. L'évolution de l'utilisation de la force au sein des opérations

La Charte de l'ONU traite de l'utilisation de la force à divers articles :

« Les Membres de l'Organisation s'abstiennent, dans leurs relations internationales, de recourir à la menace ou à l'emploi de la force [...] »[98]

« Le Conseil de sécurité constate l'existence d'une menace contre la paix, d'une rupture de la paix ou d'un acte d'agression et fait des recommandations ou décide quelles mesures seront prises conformément aux Articles 41 et 42 pour maintenir ou rétablir la paix et la sécurité internationales. »[99]

« Aucune disposition de la présente Charte ne porte atteinte au droit naturel de légitime défense, individuelle ou collective, dans le cas où un Membre des Nations Unies est l'objet d'une agression armée [...] »[100]

« Les mesures nécessaires à l'exécution des décisions du Conseil de sécurité pour le maintien de la paix et de la sécurité internationales sont prises par tous les Membres des Nations Unies ou certains d'entre eux, selon l'appréciation du Conseil. »[101]

De plus, l'article 43 de la Charte met en théorie sous le contrôle du Conseil de sécurité une armée en attente afin de lui permettre de faire respecter les articles ci-dessus. Toutefois, comme nous le verrons dans la deuxième partie de ce livre, une telle force n'a jamais été créée, ce qui rend la tâche plus complexe pour le Conseil de sécurité.

Comme le mentionne la doctrine Capstone, le principe de non recours à la force sauf en cas de légitime défense a été introduit dès le premier déploiement de casques bleus en 1956. Ces principes ont également permis aux OMP de se poursuivre durant la Guerre froide, alors que le Conseil de sécurité était paralysé par le véto des membres permanents. En effet, ces caractéristiques n'ont pas soulevé le besoin pour les membres permanents d'imposer leur véto, car les OMP

---

[98] *Charte, supra* note 21, art. 2 (4).
[99] *Ibid*, art. 39.
[100] *Ibid*, art. 51.
[101] *Ibid*, art. 48 (1). Voir également l'article 24 (1) de la Charte.

ne seraient pas enclines à interférer dans les affaires internes des pays ou d'outrepasser leur souveraineté[102]. Par la suite, le principe de non recours à la force a été élargi pour inclure la défense du mandat, soit d'accomplir les tâches mandatées par le Conseil de sécurité[103].

Alors que certains auteurs identifient les OMP sous forme de « générations »[104], l'auteur James Sloan préfèrent parler des OMP sous forme de « phases », car selon lui la précédente terminologie peut être utile, mais les différentes « générations » peuvent s'entrecouper dans le temps et avoir différentes définitions selon les auteurs[105]. Sloan découpe ainsi les OMP selon cinq phases :

(1) *Les missions d'observation de la paix* : L'auteur inclut dans cette phase les missions antérieures aux casques bleus, soit celles de l'Organisme des Nations Unies chargé de la surveillance de la trêve (ONUST) et du Groupe d'observateurs militaires des Nations Unies dans l'Inde et le Pakistan (UNMOGIP). Ces missions ont des mandats plus spécifiques et sont formées de quelques centaines de militaires qui ont tendance à ne pas être armés[106]. Toutefois, ces derniers possèdent toujours la possibilité d'avoir recours à la force pour se défendre.

(2) *UNEF I* : La Force d'urgence des Nations unies qui a été impliquée dans la crise du canal de Suez comportait un nombre plus élevé de soldats avec plus de 6 073 personnes en uniforme[107]. Cela lui a donné le potentiel d'avoir un impact plus grand sur le terrain. Toutefois, le secrétaire général de l'époque, Dag Hammarskjöld,

---

[102] James Sloan, « The Evolution of the Use of Force in UN Peacekeeping » (2014) 37:5 J. Strategic Studies 674, 678 [*Sloan*].
[103] *Capstone, supra* note 11 à la p 37.
[104] Voir notamment *David, supra* note 10 aux pp 308 et 309.
[105] *Sloan, supra* note 102 à la p 675.
[106] *Ibid* à la p 680.
[107] *Ibid*.

insistait sur le fait que « *the basic element involved is clearly the prohibition against any initiative in the use of armed force* »[108]. Il insistait également sur les concepts de consentement et d'impartialité des OMP[109]. Selon Sloan, ces commentaires ont défini les principes directeurs des OMP tel qu'on les connait[110].

(3) *Les opérations comportant la « défense du mandat »* : Malgré le titre, ce type d'opération n'a pas été créé en vertu du Chapitre VII de la Charte. Le concept de non recours à la force a été élargi lors de la deuxième mission UNEF (II) en 1973 pour y inclure l'utilisation de la force en cas d'interférence avec le mandat de l'OMP. Ce concept a été mis sur papier pour la première fois par le secrétaire général de l'époque, Kurt Waldhein[111], et approuvé par le Conseil de sécurité par la suite[112].

(4) *Les opérations sans recours à la force qui ont utilisé la force lorsque confrontées à une crise* : Cette phase comprend par exemple les opérations qui ont eu lieu au Congo en 1960, en Somalie et en Yougoslavie en 1992 ainsi qu'au Timor oriental en 1999[113]. Dans chaque cas, les mandats incluaient une utilisation limitée de la force, mais lorsque confronté à une situation de crise qui compromettait la mission, le Conseil de sécurité a autorisé l'utilisation de la force de manière offensive. Par exemple, dans le cas du Congo, lorsqu'une guerre civile a éclaté en réaction à la mort du premier ministre de l'époque, le Conseil de sécurité a autorisé la mission à prendre « *all*

---

[108] Assemblée générale des Nations Unies, *Second and Final Report of the Secretary-General on the Plan for an Emergency International United Nations Force Requested in Resolution 998 (ES-I)*, Doc NU A/3302 (6 novembre 1957), par 179.
[109] Secrétariat des Nations Unies, *Report to the General Assembly in Persuance of General Assembly Resolution 1123 (XI) on Isaeli Withdrawal*, Doc NU 3512/1957 (24 janvier 1957), par (5) (b).
[110] *Sloan, supra* note 102 à la p 682.
[111] Secrétariat des Nations Unies, *Report of the Secretary-General on the Implementation of Security Council Resolution 340 (1973)*, Doc NU S/11052/Rev.1 (27 octobre 1973).
[112] Conseil de sécurité, *Resolution 341 about the Establishment of the United Nations Emergency Force (UNEF)*, 27 octobre 1973, Doc NU S/RES/341 (1973).
[113] *Sloan, supra* note 102 à la p 685.

appropriate measures to prevent the occurrence of civil war in the Congo, including arrangements for cease-fires, the halting of all military operations, the prevention of clashes, and the use of force, if necessary, in the last resort »[114]. Même si l'utilisation du Chapitre VII n'était pas explicite dans les résolutions, les mots utilisés ne laissent aucun doute sur la volonté du Conseil de sécurité[115].

(5) *L'invocation du Chapitre VII lors de la création de la mission* : Le rapport Brahimi, dont nous parlerons plus en profondeur dans la prochaine partie, a eu une grande influence sur les OMP modernes en ce qui concerne l'utilisation de la force en appelant à réinventer ces dernières en assurant la sécurité et la protection des populations civiles[116]. Ce rapport a mené le Conseil de sécurité à invoquer le Chapitre VII lors de la création de certaines missions, par exemple en Haïti (MINUSTAH)[117] ou en République centrafricaine (MINUSCA)[118], missions que nous verrons plus en détail dans la Partie II de ce livre.

Des observations de l'auteur précédent, nous pouvons remarquer que le principe de non-recours à la force a évolué, et pour le mieux, depuis la création des OMP. L'inclusion de la défense du mandat et de la protection des civils semble être une réponse aux crises qu'ont rencontrées les OMP, par exemple en Bosnie en 1995 alors que plus de 8 000 musulmans qui avait trouvé refuge dans une zone de sécurité des Nations Unies ont subi un nettoyage ethnique par les forces serbes et ce, sous le regard des casques bleus. Par ailleurs, l'État néerlandais

---

[114] Conseil de sécurité, *Resolution 161 about the Congo Question*, 21 février 1961, Doc NU S/RES/161 (1961).

[115] *Sloan, supra* note 102 à la p 686.

[116] *Ibid*, à la p 691.

[117] Conseil de sécurité, *Résolution 1542 du Conseil de sécurité sur la création de la Mission des Nations Unies pour la stabilisation en Haïti (MINUSTAH)*, 30 avril 2004, Doc NU S/RES/1542 (2004) [*Résolution 1542*].

[118] Conseil de sécurité, *Résolution 2149 du Conseil de sécurité sur la création de la Mission multidimensionnelle intégrée des Nations Unies pour la stabilisation en République centrafricaine (MINUSCA)*, 10 avril 2014, Doc NU S/RES/2149 (2014) [*Résolution 2149 sur la Centrafrique*].

a été reconnu partiellement responsable du décès de 350 musulmans bleus lors du massacre de Srebrenica en Bosnie dû notamment à l'inaction de ses casques bleus[119]. C'est pourquoi, comme nous le verrons dans le prochain chapitre, le Groupe indépendant de haut niveau chargé d'étudier les opérations de paix des Nations Unies ont suggéré en 2015 que ce principe doit être interprété de manière flexible à la lumière des circonstances, et non pas pour justifier l'impuissance de protéger les civils. Selon eux, être impartial ne signifie pas être neutre et ne revient pas à traiter toutes les parties de la même façon[120].

---

[119] Charlotte Van Ouwerkerk, « Massacre de Srebrenica : l'État néerlandais reconnu partiellement responsable », Agence France-Presse (27 juin 2017), en ligne : <www.lapresse.ca/international/europe/201706/27/01-5111216-massacre-de-srebrenica-letat-neerlandais-reconnu-partiellement-responsable.php> [*Van Ouwerkerk*]; Court of Appeal of The Hague, Hague, 27 juin 2017, *Stichting Mothers of Srebrenica v The State of Netherlands*, No 200.158.313/01, 200.160.317/01. Voir le jugement complet en langue originale à l'adresse suivante : www.recht.nl/rechtspraak/uitspraak/?ecli=ECLI:NL:GHDHA:2017:1761

[120] *HIPPO, supra* note 32 aux pp 52 et 53.

E. La diversité des activités dans le cadre d'OMP

Les OMP ont gagné en taille et en complexité en réponse aux évolutions de la nature des conflits[121]. Celles-ci ont évolué de petites missions non armées d'observation militaire sur une ligne de cessez-le-feu entre deux États à ce que l'on appelle des OMP multidimensionnelles, incluant des composantes militaire, policière et civile et des mandats de plus en plus complexes combinant des objectifs politiques, de sécurité, de protection, de restauration de l'état de droit et de respect des droits de l'homme[122]. Ces missions peuvent contenir en fait un éventail d'activités. Le graphique suivant illustre les différents types d'activités que l'on peut retrouver[123] :

Figure 1.1 – Types d'activités dans le cadre d'OMP

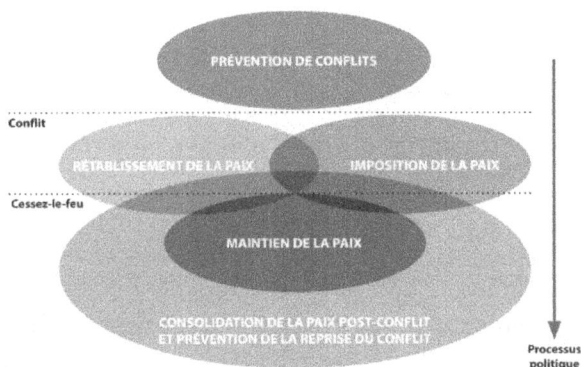

En résumé, comme le démontre le graphique ci-dessus, le rétablissement de la paix concerne les conflits en cours et comprend des actions diplomatiques visant à mener les parties en conflit à un accord négocié. Le maintien de la paix, quant à lui, est une technique conçue pour préserver la paix une fois que les

---

[121] *Labbé et Boutellis, supra* note 72 à la p 48.
[122] Conseil de sécurité, *Opération de maintien de la paix*, 21 janvier 2013, Doc NU S/RES/2086 (2013) aux pp 1, 3 et 4.
[123] *Capstone, supra* note 11 aux pp 18 à 20.

27

combats ont cessé, et est fondé sur un modèle, essentiellement militaire, d'observation du cessez-le-feu et d'interposition entre les forces à l'issue d'une guerre entre États. L'imposition de la paix comprend l'application, avec l'autorisation du Conseil de sécurité, de mesures coercitives, y compris l'usage de la force militaire, pour maintenir ou rétablir la paix et la sécurité internationales[124]. Finalement, la consolidation de la paix, souvent associée aux OMP dites « multidimensionnelles », comprend des mesures ciblées visant à réduire les risques de reprise d'un conflit et à jeter les bases d'un développement durable, notamment à travers le renforcement des capacités nationales en matière de gestion des conflits[125]. La plupart des OMP dites « multidimensionnelles » s'inscrivent dans une logique post-conflictuelle où l'ONU doit assumer certaines fonctions régaliennes, c'est-à-dire qu'elle doit s'occuper des fonctions politiques et administratives (police, défense, etc.) qui d'ordinaire dépendent directement de l'État, dans un contexte où celui-ci n'existe plus ou n'est plus en position de le faire.

Tous ces types d'activités sont rarement conduits de manière linéaire ou séquentielle et l'expérience montre que ces différentes activités se renforcent mutuellement[126]. Tel que nous le verrons à travers ce livre, la communauté internationale éprouve des difficultés à mettre en œuvre et à combiner ces instruments de manière efficace, ce qui a souvent créé des lacunes et des retards dans sa réponse aux crises constituant une menace à la paix et à la sécurité internationales[127]. Il est donc important de s'assurer que les balises entourant les opérations de maintien de la paix soient claires et définies afin de s'assurer d'une efficacité optimale, ce qui relève du Conseil de sécurité et du Secrétaire général à travers le DOMP.

---

[124] *Charte, supra* note 21, art. 41 et 42.
[125] *Capstone, supra* note 11 aux pp 18 à 20.
[126] Harvey J. Langholtz, « Principes et orientations des opérations de maintien de la paix des Nations Unies » (2013), en ligne : Peace Operations Training Institute <www.peaceopstraining.org/users/courses/1067149/principes-et-orientations> à la p 27.
[127] *Ibid.*

CHAPITRE II - BILAN DES RÉFORMES DES OPÉRATIONS DE MAINTIEN DE LA PAIX DEPUIS LE RAPPORT BRAHIMI

Dans ce chapitre, nous ferons un bilan des réformes des OMP depuis le rapport Brahimi. Nous nous attarderons plus particulièrement sur les propositions qui ont été mises en applications et celles qui sont restées sans réponses. Ces dernières serviront, par la suite, de bases à notre analyse des lacunes des OMP dans la Partie II de ce livre. Nous survolerons donc les rapports suivants :

(A) Le rapport Brahimi (21 août 2000);

(B) Le rapport du Groupe de personnalités de haut niveau sur les menaces, les défis et le changement (2 décembre 2004);

(C) Le rapport Zeid (24 mars 2005);

(D) La doctrine Capstone (2008);

(E) L'approche Nouvel horizon (17 juillet 2009);

(F) Le Rapport du Groupe indépendant de haut niveau chargé d'étudier les opérations de paix des Nations Unies (17 juin 2015).

A. Le rapport Brahimi

Le rapport Brahimi est baptisé d'après le nom du Président du Groupe d'étude sur les opérations de maintien de la paix de l'époque, Lakhdar Brahimi. Ce groupe a été mandaté en mars 2000 par le Secrétaire général de l'époque, Kofi Annan, afin de recenser les défaillances du système des OMP et de formuler des recommandations spécifiques et réalistes concernant les améliorations à apporter au système[128]. Le rapport s'inscrit dans la suite des analyses « extrêmement

---

[128] Département des opérations de maintien de la paix, *La réforme des opérations,* en ligne : Nations Unies < www.un.org/fr/peacekeeping/operations/reform.shtml>.

critiques »[129] des OMP menées au Rwanda et en Bosnie-Herzégovine, où les casques bleus ont failli à protéger les populations civiles.

On spécifie d'entrée de jeu que sans un engagement renouvelé de la part des États membres de l'ONU, de changements institutionnels importants et d'un appui financier plus solide, l'ONU n'aura pas les moyens d'exécuter les tâches de maintien de la paix qui lui seront confiées[130]. Tout en réitérant les principes directeurs des OMP, le document amène la nécessité d'une doctrine robuste et de mandats réalistes, où les unités militaires de l'ONU doivent être capables non seulement de se défendre, mais également de défendre les autres composantes de la mission et le mandat qui lui a été accordé[131] ainsi que de protéger les populations civiles[132]. De manière corrélative, les mandats devraient préciser que la mission est autorisée à employer la force, mais devraient également comprendre des effectifs plus nombreux et mieux équipés afin d'avoir un effet plus dissuasif[133].

De plus, le rapport recommande une amélioration des capacités de déploiement rapide de manière qu'une OMP classique puisse être déployée pleinement dans un délai de 30 jours à compter de l'adoption de la résolution par le Conseil de sécurité la créant, ou dans un délai de 90 jours dans le cas d'une opération complexe[134]. Le rapport Brahimi spécifie que les 6 à 12 semaines qui suivent un accord de cessez-le-feu ou de paix constituent souvent la période la plus critique pour l'instauration d'une paix stable et la crédibilité d'une opération de maintien de la paix et que toute perte de crédibilité ou d'élan politique au cours de cette période sera souvent très difficile à rattraper[135].

---

[129] *Rapport Brahimi, supra* note 17 à la p iii.
[130] *Ibid* à la p viii.
[131] *Ibid* à la p 11, par. 55.
[132] *Ibid* à la p 12, par. 62
[133] *Ibid* à la p 10, par 51.
[134] *Ibid* à la p 18, par 91.
[135] *Ibid* à la p 17.

En plus des sujets précédents, le rapport insiste sur l'importance de la stratégie et de l'appui technique, sur la création d'une unité de gestion de l'information et d'analyse stratégique, sur l'amélioration de l'orientation et de la direction des missions, au renforcement des moyens pour planifier et appuyer les opérations de paix, sur la création d'équipes spéciales intégrées pour la planification des missions et les services d'appuis ainsi que sur le recours à des technologies d'information modernes[136].

Ainsi, le rapport Brahimi, commandé à la suite d'une crise majeure et résultat de la volonté de l'ONU d'améliorer la pratique dans le domaine du maintien de la paix, a mis le doigt sur un certain nombre de réformes depuis longtemps nécessaires. Même si le rapport Brahimi a été globalement très bien accueilli, les recommandations n'ont pas toutes été appliquées depuis. Cela fait maintenant 17 ans depuis la publication du rapport Brahimi, et la question suivante s'impose : que reste-t-il à faire? Des mesures concernant le renforcement des structures et des moyens du Secrétariat et le renforcement en personnel du DOMP ont pu être mises en œuvre[137], et tel que vu dans le chapitre précédent, il s'est opéré un changement important face au principe directeur de non recours à la force. Toutefois, les mesures plus politiques et celles concernant le mode de décision des États n'ont pas eu de suite[138] et comme nous le verrons dans la Partie II de ce livre, les problèmes de financement sont récurrents et le délai de déploiement des troupes n'est toujours pas optimal.

---

[136] Pour plus d'informations, voir le résumé aux pp viii à xvi du Rapport Brahimi.
[137] Alexandra Novosseloff, *Rapport Brahimi*, en ligne : Réseau de recherche sur les opérations de paix <www.operationspaix.net/137-resources/details-lexique/rapport-brahimi.html>.
[138] *Ibid.*

B. Le rapport du Groupe de personnalités de haut niveau sur les menaces, les défis et le changement[139]

En 2004, alors que Kofi Annan était toujours Secrétaire général, il a chargé le Groupe de personnalités de haut niveau d'évaluer les menaces qui pèsent sur la paix et la sécurité internationales, de dire en quoi les politiques et les institutions actuelles permettent d'y faire face et de recommander des mesures afin que l'ONU puisse pourvoir à la sécurité collective[140]. Dans son rapport, le Groupe traite de ce dernier sujet de façon large et discute des différents organes de l'ONU, mais la troisième partie intitulée « sécurité collective et usage de la force » contient des recommandations qui touchent directement les OMP.

On y fait mention, en lien avec le rapport Brahimi, que dorénavant il arrive souvent d'invoquer le Chapitre VII peu importe le type de mission, étant donné que l'environnement dans lequel évolue la mission peut se dégrader et que cela permet de riposter par la force si nécessaire avec une certitude absolue[141]. Cela est toujours vrai aujourd'hui, les OMP de l'ONU étant toutes actuellement fondées sur le Chapitre VII de la Charte, à l'exception de la FINUL et la MINUEE[142]. De plus, on insiste sur le fait que même si une mission est créée en vertu du Chapitre VI, donc sans pouvoir coercitif, cela n'exclut pas le droit de faire usage de la force en légitime défense, ce qui inclut « la défense de la mission »[143].

---

[139] *Rapport Panyarachun*, *supra* note 58.
[140] *Ibid* à la p 1.
[141] *Ibid* à la p 63.
[142] *Zašova*, *supra* note 36 à la p 82; Conseil de sécurité, *Résolution 426 du Conseil de sécurité sur la situation au Moyen-Orient*, 19 mars 1978, Doc NU S/RES/426 (1978); Conseil de sécurité, *Résolution 1320 du Conseil de sécurité sur le déploiement de troupes et d'observateurs militaires au sein de la Mission des Nations Unies en Éthiopie et en Érythrée (MINUEE)*, 15 septembre 2000, Doc NU S/RES/1320 (2000).
[143] *Rapport Panyarachun*, *supra* note 58 à la p 64.

Tout comme les rédacteurs du rapport Brahimi, le Groupe recommande que les OMP aient un mandat approprié, clair et applicable à toute situation pouvant être envisagée ainsi qu'elles soient dotées de toutes les ressources nécessaires pour s'acquitter de leur mandat[144]. On fait mention que moins de 10% des soldats peuvent être déployés au moment opportun et que les pays dotés de moyens de transports et logistiques suffisants pour le transport de troupes et de matériels sont rares, ce qui fait courir le risque que les pires échecs du maintien de la paix des années 90 ne se répètent[145]. Le Groupe recommande donc que les pays développés s'emploient à transformer leurs forces en contingents adaptés aux OMP et de mettre en place des bataillons autonomes de réaction rapide prêts à renforcer les OMP[146].

Finalement, le Groupe suggère également au Secrétaire général de recommander des effectifs suffisants pour dissuader les factions hostiles ou pour leur faire échec et que le Conseil de sécurité les approuve[147]. Cet organe est également appelé à collaborer étroitement avec les organisations régionales et de combiner leurs efforts pour maintenir la paix[148].

---

[144] *Rapport Panyarachun, supra* note 58 à la p 64.
[145] *Ibid.*
[146] *Ibid* aux pp 64 et 65.
[147] *Ibid* aux pp 65 et 66.
[148] *Ibid* à la p 65. Voir également à cet effet le Chapitre VIII de l'ONU, lequel sera discuté plus loin dans ce livre.

C. Le rapport Zeid[149]

Un autre rapport s'est démarqué ces dernières années, mais cette fois dans le domaine de la conduite et de la discipline des forces de maintien de la paix. Suite aux révélations d'exploitation et d'abus sexuels par le personnel des OMP en République démocratique du Congo en 2003, Kofi Annan a confié au Prince Zeid Ra'ad Zeid Al-Hussein de Jordanie la tâche de trouver des moyens de résoudre ce fléau, considérant que les mesures en place étaient « *manifestement insuffisantes* » à cette époque[150].

Un des problèmes soulevés dans le rapport concerne la diversité des types de personnel. En effet, on retrouve cinq catégories de personnel au sein des OMP : la police civile, les observateurs militaires, les membres des contingents nationaux, les volontaires des Nations Unies ainsi que les consultants et vacataires[151]. Les règles qui s'appliquent à chacune des catégories de personnel sont différentes.

Par exemple, il se signe entre chaque pays fournisseur de troupes et l'ONU un mémorandum d'accord. Dans ce dernier, on indique que les membres militaires des contingents sont soumis en matière pénale et disciplinaire à la juridiction exclusive de l'État dont ils sont ressortissants[152]. Parmi les documents annexés à cet accord, on retrouve habituellement la *circulaire du Secrétaire général relative aux dispositions spéciales visant à prévenir l'exploitation et les abus sexuels*[153]. Toutefois, cette circulaire y est décrite comme une « directive » et non pas comme une règle contraignante. La même situation se pose à l'égard des fiches « *Code de conduite des casques bleus : Dix règles* » et « *Nous, soldats*

---

[149] Assemblée générale des Nations Unies, *Stratégie globale visant à éliminer l'exploitation et les abus sexuels dans les opérations de maintien de la paix des Nations Unies*, Doc NU A/59/710 (24 mars 2005) [*Rapport Zeid*].

[150] *Ibid* à la p 1.

[151] *Rapport Zeid, supra* note 149 à la p 5.

[152] *Ibid* à la p 14.

[153] Secrétariat des Nations Unies, *Circulaire du Secrétaire général sur les dispositions spéciales visant à prévenir l'exploitation et les abus sexuels*, Doc NU ST/SGB/2003/13 (9 octobre 2003) [*Circulaire visant à prévenir l'exploitation et les abus sexuels*].

de la paix », qui ne sont pour l'instant traduites que dans les langues officielles de l'ONU[154]. On se retrouve donc face à un problème d'applicabilité des règles onusiennes aux membres de contingents nationaux. Le rapport suggère que la circulaire devrait s'appliquer à toute catégorie de personnel, ce qui impliquerait qu'elle soit incluse dans le Mémorandum signé avec les pays contributeurs de troupes comme étant un ensemble de règles contraignantes[155].

Même si la discipline relève pour l'instant de l'État qui envoie les troupes, l'ONU ne peut pas se permettre de simplement balayer ce type de problèmes dans la cour des États contributeurs. L'exploitation et les abus sexuels portent atteinte à la crédibilité des OMP et sèment dans l'esprit de la population locale un doute quant à l'impartialité de celle-ci, l'un de ses principes directeurs tel que vu précédemment, ce qui peut entraver l'exécution de son mandat[156]. Comme l'ONU est responsable des OMP, il lui incombe de trouver des solutions et le rapport Zeid s'inscrit dans cette pensée. En plus de rendre contraignante la circulaire, le rapport propose également la création d'un corps d'enquêteurs professionnels indépendants des missions ayant accès aux méthodes médico-légales, parmi lequel un expert militaire de l'État de nationalité du personnel serait inclut[157].

En parallèle avec la discipline des membres militaires, il convient de trouver des solutions en ce qui concerne la prévention de l'exploitation sexuelle et des abus. Le rapport en aborde plusieurs, allant des formations de pré-déploiement jusqu'à l'établissement de sites de loisirs à l'intérieur des zones de missions[158]. Nous verrons plus en détails ces solutions dans la partie suivante.

---

[154] *Rapport Zeid, supra* note 149 à la p 16.
[155] *Ibid* à la p 15.
[156] *Ibid* à la p 11.
[157] *Ibid* à la p 20.
[158] *Ibid* aux pp 20 à 28.

D. La doctrine Capstone

Ce document de 2008, s'inscrivant dans la lignée du rapport Brahimi, se situe au plus haut niveau dans le cadre doctrinal des OMP, ce qui implique que tout ce qui est publié par le DOMP doit se conformer aux principes énoncés dans ce document[159]. Ce dernier énonce les grands principes et directives que doivent observer les OMP de l'ONU sur le terrain.

Dans la suite des rapports précédents, on réitère les principes de bases des OMP tels que le consentement des parties, l'impartialité et le non recours à la force. En ce qui concerne le dernier principe, comme recommandé dans le rapport Brahimi et avancé dans celui du Groupe de personnalités de haut niveau sur les menaces, les défis et le changement, il est mentionné que la plupart des OMP ont reçu le mandat de protéger les populations civiles en cas de menace imminente d'atteinte à leur intégrité physique[160]. On y ajoute que l'usage de la force sert à influencer ou dissuader ceux qui agissent contre le processus de paix ou qui s'attaque à des civils[161]. Toutefois, l'usage de la force devrait tenir compte de plusieurs facteurs, comme les capacités de la mission, les perceptions publiques, l'impact humanitaire, la sécurité du personnel et l'impact que cela pourrait avoir sur le consentement des parties[162].

Tout comme le suggérait le rapport du Groupe de personnalités de haut niveau[163], la doctrine Capstone indique que le mandat accordé par le Conseil de sécurité pour la création d'une OMP doit être clair, réalisable et accompagné de ressources adéquates[164]. Comme nous le verrons, le budget alloué aux OMP de nos jours, tout comme celui au fonctionnement de l'ONU de manière globale, reste nettement insuffisant.

---

[159] *Capstone, supra* note 11 à la p 9.
[160] *Ibid* à la p 25.
[161] *Ibid* à la p 38.
[162] *Ibid* à la p 39.
[163] *Rapport Panyarachun, supra* note 58 à la p 64.
[164] *Capstone, supra* note 11 à la p 55.

On accorde également de l'importance au fait de consulter les pays contributeurs de troupes, étant donné que les Nations Unies ne dispose d'aucune armée, ni force de police permanentes. Cela touche un autre problème au sein des OMP, soit la capacité de se déployer rapidement. La doctrine Capstone soulève que cela affecte directement la crédibilité d'une mission et que le déploiement doit adopter dès le premier jour une posture confiante, capable et unifiée[165]. Comme nous le verrons dans la deuxième partie de ce livre, l'absence d'une force permanente amène son lot de problèmes encore aujourd'hui et il est difficile d'avoir une opération unifiée lorsque le personnel provient d'un grand nombre de pays ayant chacun des disciplines et cultures différentes. De plus, encore en 2008, on mentionne que le démarrage d'une mission reste chaotique, alors qu'un petit groupe de personne travaille dans l'urgence pour jeter les bases de l'OMP dans un environnement inconnu et volatile. Cela rejoint les recommandations du Groupe de personnalités de haut qui suggérait que l'ONU dispose d'un petit effectif qui effectuerait des évaluations d'avant mission et organiserait la mise en route de diverses composantes de l'OMP[166].

Finalement, le rapport indique que l'empreinte humaine et matérielle d'une OMP peut avoir certains impacts dont on doit être conscients, comme sur l'environnement, l'économie de la région ou au niveau social[167]. En ce qui concerne l'impact social, cela inclut la conduite et le comportement du personnel, lequel devrait suivre une formation en matière d'exploitation et d'abus sexuels. Cela rejoint directement les recommandations formulées dans le rapport Zeid abordé précédemment. La doctrine ajoute que les missions doivent appliquer une politique de « tolérance zéro » envers toute forme grave de mauvaise conduite, ce qui inclut l'exploitation et les abus sexuels, et que ceux-ci doivent être traités avec

---

[165] *Capstone, supra* note 11 à la p 42.
[166] *Rapport Panyarachun, supra* note 58 à la p 66.
[167] *Capstone, supra* note 11 à la p 91.

justesse et fermeté *« afin d'éviter que la légitimité et l'autorité morale de la mission ne soient entachées »*[168].

E. L'approche Nouvel horizon

Dû à l'ampleur des OMP, tel que constatée en introduction, ainsi qu'à leur complexité, le DOMP et le Département d'appui aux missions ont jugé que les moyens mis à leur disposition ne suffisaient plus à la tâche. En effet, le rapport Brahimi a contribué à rendre les OMP plus robustes, efficaces et économiques, mais les dimensions des opérations mettent sévèrement à l'épreuve le personnel et les systèmes logistiques, financiers et administratif des Nations Unies[169]. C'est pourquoi ces départements ont développé en 2009 l'approche Nouvel horizon afin d'évaluer les principaux défis auxquels sont confrontées les OMP et définir les futures orientations, d'autant que les États membres n'ont pas encore abordé certains aspects critiques des réformes précédentes[170].

Par exemple, on y mentionne les trois principes fondamentaux des OMP, mais on spécifie que depuis son introduction dans le rapport Brahimi, la question de la signification du maintien de la paix « robuste », qui implique l'autorisation du recours à la force pour défendre le mandat, n'est toujours pas résolue[171]. Même son de cloche du côté des mandats qui se doivent d'être clairs, crédibles, réalisables et sans ambiguïté. Cette notion, qui est un facteur de succès selon la doctrine Capstone et qui est relevé depuis le rapport Brahimi, n'est toujours pas appliquée de manière efficace de nos jours par le Conseil de sécurité. Dans Nouvel horizon, on note que le Conseil de sécurité tente de donner une direction plus claire et précise aux OMP, mais qu'en même temps, les tâches se sont multipliées. Par exemple, la mission de l'ONU en République démocratique du Congo

---

[168] *Capstone, supra* note 11 aux pp 40 et 41.
[169] *Nouvel horizon, supra* note 31 aux pp i et 2.
[170] *Ibid* à la p 2.
[171] *Ibid* à la p 21.

comptait 45 tâches différentes en date de l'écriture du rapport[172]. C'est pourquoi les auteurs recommandent de passer en revue les tâches récurrentes des mandats pour améliorer la clarté et la compréhension des objectifs et des obstacles[173].

En ce qui concerne la nécessité d'un déploiement plus rapide, les cibles du rapport Brahimi, soit le déploiement d'une OMP complexe en 90 jours, seraient difficiles à atteindre dû à l'échelle et à la complexité des missions[174]. L'idée soulevée dans Capstone d'établir un quartier général de la mission qui faciliterait l'arrivée des composantes civiles, militaires et de police est réitérée, et, selon les auteurs, une phase de lancement en séquence permettrait de répondre plus rapidement aux priorités immédiates de la mission et de se faire une image plus précise des ressources nécessaires[175]. De manière corrélative, cela faciliterait les prévisions budgétaires associées à la mission. De plus, l'idée d'avoir pour l'ONU une force de réserve tel que soulevé dans le rapport Brahimi a été rejetée par les États membres, mais les auteurs mentionnent que sans mécanisme fiable de réponse aux crises, l'autorité et la crédibilité d'une OMP sont susceptibles d'être contestées par les fauteurs de trouble sur le terrain[176]. Tel que mentionné précédemment, nous aborderons ce point plus en profondeur dans la Partie II de ce livre.

En lien avec le dernier point, on mentionne que la diversité du personnel devrait être présente au sein des missions, afin d'assoir la légitimité d'une mission et d'ouvrir la voie à plus d'opportunités, de souplesse et de moyens[177]. Toutefois, la manière dont est constituée une mission en termes de personnel est focalisée

---

[172] *Nouvel horizon, supra* note 60 aux pp 10 et 11. Pour des exemples de tâches, voir l'Annexe II. La MONUSCO a remplacé la précédente opération de maintien de la paix, la MONUC, le 1er juillet 2010. Toutefois, cette dernière s'est fait attribuer également un nombre élevé de tâches, soit plus d'une vingtaine seulement dans la dernière résolution du Conseil de sécurité la concernant en 2014 : Conseil de sécurité, *Résolution 2147 sur la République démocratique du Congo*, 28 mars 2014, Doc NU S/RES/2147 (2014).
[173] *Ibid* à la p 19.
[174] *Ibid* à la p 18.
[175] *Ibid* aux pp 18 et 19.
[176] *Ibid* à la p 26.
[177] *Ibid* à la p 32.

sur l'aspect quantitatif plutôt que l'aspect qualitatif qui privilégierait les compétences. Comme nous le verrons, ce problème n'est toujours pas réglé en date d'écriture de ce livre et touche une notion appelée la « professionnalisation des casques bleus » que nous verrons plus loin. Finalement, comme le recommandait le Groupe de personnalités de haut niveau, les auteurs insistent sur l'interopérabilité avec les organisations régionales, comme l'Union africaine et l'Union européenne, et la mise en commun des ressources, quitte à mettre en place une structure de remboursement et d'appui logistique[178].

Deux rapports d'étapes ont été produits à la suite de l'approche Nouvel horizon en octobre 2010[179] et en décembre 2011[180]. On y avance de nouvelles normes et directives, notamment en matière de consolidation de la paix[181] et de protection des civils[182]. Sur ce dernier point, le rapport d'étape no 2 indique que l'implantation de ce concept a franchi la barre de l'opérationnel. Nous pouvons en effet voir une percée en prenant pour exemple la résolution 2295 du Conseil de sécurité sur le Mali, lequel donnait pour mandat à la MINUSMA d'« *assurer, sans préjudice de la responsabilité première des autorités maliennes, la protection des civils menacés de violences physiques* »[183]. Le rapport mentionne également l'implantation de deux nouvelles initiatives, soit le *Civilian Capacities Initiative*[184], qui vise au renforcement des capacités nationales dans les États en situation post-conflit, et le *Global Field Support Strategy*[185], qui vise à améliorer la rapidité, la qualité, l'efficacité et l'imputabilité des opérations de soutien.

---

[178] *Nouvel horizon, supra* note 31 aux pp 33 et 34.
[179] Département des opérations du maintien de la paix, « The New Horizon Initiative : Progress report no.1 » (octobre 2010), en ligne : Nations Unies <www.un.org/en/peacekeeping/documents/newhorizon_update01.pdf>.
[180] Département des opérations du maintien de la paix, « The New Horizon Initiative: Progress report no.2 » (décembre 2011), en ligne : Nations Unies <www.un.org/en/peacekeeping/documents/newhorizon_update02.pdf> [*NH Progress Report No 2*].
[181] *Ibid* aux pp 9 à 11.
[182] *Ibid* aux pp 6 à 8.
[183] Conseil de sécurité, *Résolution 2295 du Conseil de sécurité sur le Mali*, 29 juin 2016, Doc NU S/RES/2295 (2016).
[184] *NH Progress Report No 2, supra* note 180 à la p 16.
[185] *Ibid* à la p 20.

Certaines formations, notamment sur le leadership, ont été améliorées en se basant sur les évaluations et les leçons apprises.

F. Le Rapport du Groupe indépendant de haut niveau chargé d'étudier les opérations de paix des Nations Unies

En octobre 2014, l'ancien Secrétaire général Ban Ki-moon a demandé au Groupe, présidé par l'ancien Chef d'État du Timor-Leste et lauréat du prix Nobel de la paix José Ramos-Horta, de procéder à un examen approfondi des OMP et des besoins futurs. À cette fin, il a encouragé le groupe à faire preuve d'« audace » et de « clairvoyance » et de procéder à de vastes consultations, ce qui a été fait : le Groupe a reçu près de 80 communications écrites de la part d'États, d'organisations régionales et autres organisations internationales, d'organisations de la société civile et d'entités de l'ONU.

Dans son rapport, le Groupe considère qu'il faut procéder à quatre réformes de fond si l'on veut des progrès réels et de meilleurs résultats sur le terrain :

- Ce ne sont pas les interventions militaires et les mécanismes techniques qui permettent de parvenir à une paix durable mais plutôt les solutions politiques;
- Il faut faire un usage plus souple de toute la panoplie des opérations de paix de façon à répondre à l'évolution des besoins sur le terrain;
- Il convient d'établir pour l'avenir un partenariat au service de la paix et de la sécurité plus solide et plus ouvert;
- Le Siège de l'ONU doit prendre conscience des besoins particuliers et importants des missions, et le personnel des opérations de paix des Nations Unies doit se montrer plus déterminé que jamais à dialoguer avec les populations qu'il a été chargé d'aider et à les servir et les protéger[186].

Parmi les recommandations du rapport, nous pouvons regrouper sous quatre thèmes celles qui touchent des sujets que nous aborderons dans la deuxième partie de ce livre.

---

[186] *HIPPO, supra* note 32 aux pp 10 et 11.

Tout d'abord, en ce qui concerne la protection des civils, on note que les OMP, si elles sont utilisées comme instrument politique, peuvent les protéger de manière efficace en renforçant la confiance des parties envers des solutions pacifiques et en s'efforçant de faire progresser le processus de paix. Dans le cas où les stratégies non armées ne fonctionnent pas, chaque casque bleu, qu'il soit civil, militaire ou policier, doit faire tout en son possible pour protéger les civils face à une agression armée. Il est important d'éviter toute contrainte nationale ou manquement aux ordres, car tout retard ou inaction peut faire la différence entre la vie et la mort[187].

Ensuite, en ce qui concerne l'utilisation de la force, on réitère que les trois principes de base des OMP doivent continuer à s'appliquer, mais qu'ils doivent être interprétés de manière flexible à la lumière des circonstances, et non pas pour justifier l'impuissance de protéger les civils. En référence au rapport Brahimi, on mentionne qu'être impartial ne signifie pas être neutre et ne revient pas à traiter toutes les parties de la même façon[188]. En ce qui concerne les mandats, le concept de mandats clairs et réalistes revient comme pour chaque rapport que nous avons survolés dans cette partie. On note que ces dernières années, les mandats sont devenus plus longs et plus spécifiques, et donc parfois moins réalistes. Similaire à l'approche Nouvel horizon où l'on proposait avec une phase de lancement en séquence, on recommande ici des mandats en deux temps, afin que les missions soient efficaces et adaptées à la situation et qu'il leur soit attribuées des tâches plus réalistes et hiérarchisées. Cela permettrait de garantir la présence de l'ONU sur le terrain tout en laissant le temps au Secrétariat d'élaborer des évaluations détaillées avec ses partenaires de la situation sur le terrain[189].

En outre, on rappelle que l'ONU n'a pas d'armée permanente et que les appels en faveur d'une capacité de réserve mondiale n'ont jamais abouti. Toutefois, on mentionne qu'une approche *ad hoc*, comme c'est le cas

---

[187] *HIPPO, supra* note 32 aux pp 41 à 44.
[188] *Ibid* aux pp 52 et 53.
[189] *Ibid* aux pp 69 et 70.

présentement, ne sera pas suffisant pour les défis du futur et ne permettra pas à l'ONU d'atteindre les objectifs d'un déploiement en 30 et 90 jours pour des missions non complexes et complexes tel que fixés dans le rapport Brahimi. Le Groupe recommande que l'ONU établisse des capacités de déploiement rapide modestes pour faire face à des crises soudaines. En plus de ces moyens qui appartiendraient à l'ONU, cette dernière devrait établir des arrangements nationaux et régionaux relatifs aux forces et moyens en attente. On réfère notamment à la Force africaine en attente et aux groupements tactiques de l'UE[190].

Finalement, on souligne la problématique des abus et de l'exploitation sexuelle dans le cadre des OMP. Le Groupe souligne que de graves irrégularités persistent en ce domaine et qu'il y a une tendance générale à l'inertie. On recommande, tout comme le rapport Zeid le suggérait, la mise en place d'équipes d'intervention immédiate qui puissent réunir et conserver les éléments de preuve. Par la suite, les États devraient rendre compte en temps utile au Secrétariat de l'avancement des enquêtes et les achever dans un délai de six mois. On suggère également qu'il devrait être interdit aux gouvernements dont les forces sont citées dans les rapports annuels du Secrétaire général sur les enfants et les conflits armés ou dans les rapports du Secrétaire général sur les violences sexuelles liées aux conflits de fournir des contingents aux missions des Nations Unies jusqu'à ce qu'ils aient été rayés des listes[191].

À la lumière de ce qui précède, voici un tableau synthèse des différentes réformes appliquées depuis le rapport Brahimi ainsi que les propositions de réforme qui n'ont toujours pas eu de suite. Les différentes propositions sont basées sur des lacunes des OMP, lesquelles seront abordées dans la partie II de ce livre.

---

[190] *HIPPO, supra* note 32 aux pp 72 à 76.
[191] *Ibid* aux pp 98 à 100.

Tableau 2.1 - Réformes appliquées et propositions de réformes non appliquées depuis le rapport Brahimi

Réformes appliquées
➢ Renforcement des structures et des moyens du Secrétariat et le renforcement en personnel du DOMP (création de 93 nouveaux postes ainsi qu'une Division de la police);
➢ Changements importants face au principe de non-recours à la force, par exemple usage afin d'influencer ou dissuader ceux qui agissent contre le processus de paix ou qui s'attaquent à des civils;
➢ Maintenant d'usage d'invoquer le Chapitre VII de la Charte peu importe le type de mission;
➢ Mise en place de nouvelles normes et directives en matière de consolidation de la paix et de protection des civils;
➢ Création de la *Civilian Capacities Initiative*, visant au renforcement des capacités nationales des États en situation post-conflit;
➢ Création de la *Global Field Support Strategy*, visant à améliorer la rapidité, la qualité, l'efficacité et l'imputabilité des opérations de soutien;
➢ Amélioration de certaines formations, notamment celle sur le leadership;
➢ Publication de la *Circulaire du Secrétaire général sur les dispositions spéciales visant à prévenir l'exploitation et les abus sexuels*;
➢ Réaffirmation que l'ONU a une « responsabilité morale » envers les victimes du choléra en Haïti.

Propositions de réformes non appliquées à ce jour	Feuille d'analyse Partie II
➢ Inclure dans le Mémorandum d'accord sur le statut des forces la circulaire du *Circulaire du Secrétaire général sur les dispositions spéciales visant à prévenir l'exploitation et les abus sexuels*; ➢ Instaurer une politique de « tolérance zéro » envers toute forme grave de mauvaise conduite; ➢ Créer un corps d'enquêteurs professionnels indépendants des missions; ➢ Améliorer les formations pré-déploiement et imposer des formations pré-déploiement sur la prévention de la violence sexuelle à tout le personnel des OMP;	Les crimes commis par les casques bleus

➢ Mise en place d'un couvre-feu au sein des missions et veiller à ce que les civils n'aient pas accès aux camps militaires; ➢ Établir des sites de loisirs à l'intérieur des zones de mission afin de permettre aux membres des missions de se reposer et de récupérer pendant leur affectation; ➢ Inciter les États à rendre compte en temps utile au Secrétariat de l'avancement des enquêtes et les achever dans un délai de six mois; ➢ Interdire aux gouvernements dont les forces sont citées dans les rapports annuels du Secrétaire général sur les enfants et les conflits armés ou dans les rapports du Secrétaire général sur les violences sexuelles liées aux conflits de fournir des contingents aux missions des Nations Unies jusqu'à ce qu'ils aient été rayés des listes.	
➢ Décerner un mandat approprié, clair et applicable à toute situation lors d'une OMP; ➢ Passer en revue les tâches récurrentes des mandats des OMP pour améliorer la clarté et la compréhension des objectifs et des obstacles; ➢ Doter les OMP de toutes les ressources nécessaires, y compris des effectifs suffisants pour dissuader les factions hostiles ou leur faire échec; ➢ Déployer les OMP dans un délai de 30 jours de la résolution, 90 jours si la mission est complexe; ➢ Adopter dès le premier jour du déploiement une posture confiante, capable et unifiée; ➢ Appeler les États à transformer leurs forces en contingents adaptés aux OMP et à mettre en place des bataillons autonomes de réaction rapide prêts à renforcer les OMP; ➢ Établir des capacités de déploiement rapide modestes pour faire face à des crises soudaines; ➢ Collaborer avec les organisations régionales et combiner leurs efforts; ➢ Encourager la diversité du personnel au sein des missions; ➢ Privilégier l'aspect qualitatif, soit les compétences, plutôt que l'aspect quantitatif en termes de personnel des OMP.	Les mandats et les délais pré-déploiements

	La notion de responsabilité lors de dommages causés à des populations civiles
➢ Admettre que les griefs des victimes du choléra en Haïti relèvent du droit privé et que l'ONU doit par conséquent leur proposer une voie de recours appropriée[192].	

---

[192] Nous verrons plus en détails le rapport de Philip Alston dans le chapitre III de la Partie II de cet ouvrage. Voir *Alston, supra* note 44 à la p 2.

PARTIE II

RÉFLEXIONS SUR LES LACUNES DES OMP POST-BRAHIMI

Dans cette partie, nous analyserons certaines missions implantées depuis les années 2000 afin de vérifier si les propositions des rapports, depuis Brahimi, que nous avons abordés dans la partie précédente ont été appliquées et dans le cas contraire, les lacunes qui restent à l'ordre du jour. Par la suite, nous verrons quelles propositions seraient les mieux adaptées pour la réalité du terrain afin d'enrayer certains problèmes récurrents au sein des OMP. Nous verrons notamment :

(1) Les crimes commis par les casques bleus;

(2) Les mandats et les délais pré-déploiement;

(3) La notion de responsabilité lors de dommages causés à des populations civiles.

CHAPITRE I – LES CRIMES COMMIS PAR LES CASQUES BLEUS

Dans ce chapitre, nous démontrerons que certains membres du personnel des OMP se prévalent encore aujourd'hui d'une immunité pénale en ce qui concerne des crimes commis dans le cadre des missions, dû notamment à une combinaison de facteurs juridiques et politiques, ce qui affecte la crédibilité et la légitimité des OMP.

Section I – Mise en contexte

Dans les dernières années, nous assistons à une situation qui se dégrade et devient de plus en plus problématique en Centrafrique. Ban Ki-moon, ancien secrétaire général de l'ONU, s'était dit « horrifié » des torts causés par les forces de maintien de la paix à l'égard de « personnes vulnérables »[193]. Récemment, selon Human Rights Watch, des casques bleus de l'Ouganda aurait abusé 13 femmes, incluant des mineures, notamment en leur donnant de la nourriture en échange de faveurs sexuelles. Dans certains cas, les soldats auraient menacé les victimes de représailles dans le cas où elles signaleraient l'abus[194].

Les allégations de viols en Centrafrique ne sont que la pointe de l'iceberg en matière de violences sexuelles commises lors d'opérations de paix. Selon le site de la Conduct and Discipline Unit[195], il y a eu 62 allégations d'exploitation et d'abus sexuel envers le personnel de l'ONU en 2017, comparativement à 104 en 2016 et 69 en 2015. L'ensemble de ces allégations visent le personnel de 20 OMP présentes et passées, provenant de 42 pays différents, dont la majorité sont africains.

Tel que mentionné en introduction, les opérations de maintien de la paix comprennent en fait un éventail d'activités. Dans le cas de la Centrafrique, on a assisté à l'effondrement des institutions de l'État et plus de 2,5 millions de personnes ont eu besoin d'une assistance humanitaire, soit plus de la moitié de la population totale[196]. D'un point de vue pratique, on ne peut dire qu'il y avait une paix à préserver. Considérant que le Conseil de sécurité a déterminé que la

---

[193] Addis Abeba, « Allégations d'abus sexuels par les casques bleus : l'ONU se dit « horrifié » », *Associated Press* (30 janvier 2016), en ligne : <www.lapresse.ca/international/afrique/201601/30/01-4945466-allegations-dabus-sexuels-par-les-casques-bleus-lonu-se-dit-horrifiee-.php>.

[194] Elias Biryabarema, « Ugandan troops committed sexual abuse in Central African Republic, rights group says », *Reuters* (15 mai 2017), en ligne: <http://af.reuters.com/article/topNews/idAFKCN18B1NJ-OZATP>.

[195] Conduct and Discipline Unit, *Conduct in UN Field Missions - Sexual Exploitation and Abuse*, en ligne: Nations Unies < https://conduct.unmissions.org/table-of-allegations> (consulté le 1ᵉʳ juillet 2018) [*Statistics*].

[196] Département des opérations de maintien de la paix, *MINUSCA*, en ligne : Nations Unies <www.un.org/fr/peacekeeping/missions/minusca/background.shtml> [*MINUSCA*].

situation en République centrafricaine constituait une menace pour la paix et la sécurité internationales et qu'il a eu recours au Chapitre VII de la Charte lors de la création de la MISCA[197] et de la MINUSCA[198], autorisant du même coup à utiliser tous les moyens nécessaires pour accomplir leur mandat, on pourrait décrire à première vue la MINUSCA comme faisant de l'imposition de la paix; toutefois, la pratique récente des OMP s'est tournée vers ce que l'on appelle des missions multidimensionnelles, où par exemple, dans le cas de la MINUSCA, celle-ci a non seulement pour priorité la protection des civils, mais également des tâches apparentées à la consolidation de la paix, tel que le soutien au processus de transition, la facilitation de l'aide humanitaire, la promotion et la protection des droits de l'homme, l'appui à la justice et la primauté du droit et le soutien au processus de désarmement, de démobilisation, de réinsertion et de rapatriement[199].

Nous pouvons également nous questionner sur la corrélation entre les types d'opérations et le phénomène de violences sexuelles. Tel que nous le verrons, certains pays présentent des facteurs de risque de violences sexuelles et celles-ci sont plus fréquentes « *in larger operations, in more recent operations, the less developed the country hosting the mission, and in operations where the conflict involved high levels of sexual violence* »[200]. Nous n'avons pu trouver d'étude qui comparait les types d'opérations aux allégations de violence sexuelle. Toutefois, les auteurs Karim et Beardsley ont comparé sommairement les missions où l'on a soulevé des allégations entre 2007 et 2013 aux missions où l'on n'a en relevé aucune. Il est intéressant de noter que nous retrouvons notamment dans la première catégorie les missions en République démocratique du Congo [RDC], en Haïti, au Darfour, au Libéria et en Éthiopie/Érythrée tandis que les

---

[197] Conseil de sécurité, *Résolution 2127 du Conseil de sécurité sur la création de la Mission internationale de soutien à la Centrafrique sous conduite africaine (MISCA) et du déploiement des forces françaises*, 5 décembre 2013, Doc NU S/RES/2127 (2013).
[198] *Résolution 2149 sur la Centrafrique, supra* note 118.
[199] *MINUSCA, supra* note 196.
[200] Sabrina Karim et Kyle Beardsley, « Explaining sexual exploitation and abuse in peacekeeping missions: The role of female peacekeepers and gender equality in contributing countries » (2016) 53:1 J Peace Research 100 à la p 102 [*Karim et Beardsley*].

missions au Népal, au Burundi, au Liban et au Moyen-Orient n'ont recueilli aucune allégation de ce genre[201]. Cela semble concorder à première vue avec l'hypothèse des auteurs précédents, alors que les missions au Liban et au Moyen-Orient sont des missions de longue date n'ayant pas les mêmes objectifs que les missions multidimensionnelles actuelles et que celles du Népal et du Burundi étaient de petites missions avec un peu plus de 1000 personnes en uniformes[202].

Le rapport « Taking Action on Sexual Exploitation and Abuse by Peacekeepers »

« *When peacekeepers exploit the vulnerability of the people they have been sent to protect, it is a fundamental betrayal of trust. When the international community fails to care for the victims or to hold the perpetrators to account, that betrayal is compounded.* »[203]. C'est ainsi que commence le rapport de trois experts présidé par la juge retraitée Marie Deschamps. Celui-ci concerne l'opération française Sangaris, qui n'est pas sous commandement de l'ONU mais qui est autorisée par le Conseil de sécurité[204], laquelle a été déclenchée en 2013 pour stabiliser la situation en Centrafrique, en proie au chaos et aux violences entre communautés chrétienne et musulmane[205].

Au printemps 2014, des allégations d'abus sexuels en échange d'eau et de nourriture ont été mises au jour à l'encontre des troupes françaises. Tel que l'indique le rapport:

> « The manner in which UN agencies responded to the Allegations was seriously flawed. The head of the UN mission in CAR failed to take any action to follow up on the Allegations; he neither asked the

---

[201] *Karim et Beardsley, supra* note 200 à la p 105.

[202] Département des opérations de maintien de la paix, *Les opérations de maintien de la paix*, en ligne : Nations Unies <www.un.org/fr/peacekeeping/operations>.

[203] *Deschamps, supra* note 19 à la p 2.

[204] Conseil de sécurité, *Résolution 2127 du Conseil de sécurité sur la création de la Mission internationale de soutien à la Centrafrique sous conduite africaine (MISCA) et du déploiement des forces françaises*, 5 décembre 2013, Doc NU S/RES/2127 (2013).

[205] « Viols d'enfants en Centrafrique : l'«échec flagrant» de l'ONU dénoncé », *Agence France-Presse* (17 décembre 2015), en ligne : <www.lapresse.ca/international/afrique/201512/17/01-4932217-viols-denfants-en-centrafrique-lechec-flagrant-de-lonu-denonce.php> [*Échec flagrant*].

Sangaris Forces to institute measures to end the abuses, nor directed that the children be removed to safe housing. He also failed to direct his staff to report the Allegations higher up within the UN. Meanwhile, both UNICEF and UN human rights staff in CAR failed to ensure that the children received adequate medical attention and humanitarian aid, or to take steps to protect other potential victims identified by the children who first raised the Allegations. »[206]

Malheureusement, les informations sur ces allégations sont passées de bureau en bureau, de courriel à courriel, sans que personne ne veuille prendre la responsabilité de traiter ces graves violations des droits de l'homme[207]. Suite au scandale, le Sénégalais Babacar Gaye, ancien chef de la mission de l'ONU en Centrafrique [MINUSCA], a démissionné en août 2015. Dans un communiqué, l'ancien Secrétaire général Ban Ki-moon a « *pris acte des conclusions générales du rapport et a promis d'en tirer les conséquences sans délai. [...] M. Ban rappelle aussi qu'il revient aux pays dont* [les] *Casques bleus fautifs sont originaires de les sanctionner, ce que trop souvent, a-t-il dit, ces pays ne font pas ou pas assez vite* »[208]. Quoi que nous sommes en accord avec la dernière affirmation, encore faut-il que l'ONU collabore pour cela. En effet, le rapport souligne que même lorsque le gouvernement français eut vent des allégations d'abus sexuels et qu'il a demandé la coopération des Nations Unies pour son enquête, il a rencontré de la résistance de la part des fonctionnaires[209]. Ces derniers ont même été plus préoccupés à savoir comment l'information avait pu être divulguée, plutôt que d'agir en conséquence[210]. Pourtant, les politiques de l'ONU en ce qui concerne les allégations d'abus sexuels demandent à ce que l'ONU notifie sans délai le pays fournisseur de contingents des allégations s'il existe une preuve prima facie de l'incident[211] et doit coopérer pleinement avec les autorités

---

[206] *Deschamps, supra* note 19 à la p 2.
[207] *Ibid.*
[208] *Échec flagrant, supra* note 205.
[209] *Deschamps, supra* note 19 à la p 2.
[210] *Ibid.*
[211] Département des opérations de maintien de la paix, *Implementation of amendments on conduct and discipline in the model Memorandum of Understanding between the United Nations and Troop*

compétentes du pays pour assister ce dernier dans l'enquête si nécessaire (y compris en partageant la documentation et les informations relatives aux allégations faisant l'objet de l'enquête) et faciliter la conduite de l'enquête, y compris en ce qui concerne l'identification et l'interrogation des témoins[212]. Tel que le mentionne Deschamps, « *in the absence of concrete action to address wrongdoing by the very persons sent to protect vulnerable populations, the credibility of the UN and the future of peacekeeping operations are in jeopardy* »[213].

La « professionnalisation » des casques bleus

Tout cela touche également un problème grandissant au sein des opérations de maintien de la paix que certains auteurs appellent la professionnalisation des casques bleus. Alors que le budget ordinaire de l'ONU s'élevait à 5,4 milliards pour l'exercice biennal 2016-2017[214], l'ONU dispose en plus d'un budget distinct pour les opérations de maintien de la paix. Au 1[ier] juillet 2017, ce budget s'établissait à 6,8 milliards, soit une baisse de 7,5% face au budget de 2016-2017[215]. Quoi que très élevé en matière onusienne, ce budget reste faible en comparaison des dépenses militaires mondiales, soit environ 0,5% de celles-ci[216]. En effet, les dépenses militaires mondiales en 2017 s'élevaient à 1,74 billion de dollars[217]. Les 10 pays ayant les dépenses militaires les plus élevées, soit les États-Unis, la Chine, l'Arabie Saoudite, la Russie, l'Inde, la France, le Royaume-Uni, le Japon, l'Allemagne et la Corée du Sud, représentaient près des trois quarts

---

Contributing Countries, 28 février 2011, Doc NU PK/G/2011.01 (2011) aux par 11.1 et 11.4 [*Amendments*].

[212] *Amendments, supra* note 211 aux par 13.5, 15.2 et 16.2.

[213] *Deschamps, supra* note 19 à la p 2.

[214] Assemblée générale, *Budget-programme pour l'exercice biennal 2016-2017*, Rés. AG 70/249, Doc. Off. AG NU, 70e sess., Doc. NU A/70/6/Add.1 (2016).

[215] Assemblée générale, *Crédits approuvés au titre des opérations de maintien de la paix pour l'exercice allant du 1er juillet 2017 au 30 juin 2018*, Rés. AG 49/233, Doc. Off. AG NU, 71e sess., Doc. NU A/C.5/71/24 (2017).

[216] *Devin et Smouts, supra* note 6 à la p 179.

[217] *Military expenditure*, en ligne: Stockholm International Peace Research Institute <www.sipri.org/research/armament-and-disarmament/arms-transfers-and-military-spending/military-expenditure>.

(73%) de ce total. Les dépenses de l'armée américaine en 2017 s'élevaient à 610 milliards de dollars, soit près de trois fois les dépenses militaires de la Chine, la deuxième en 2017 avec 228 milliards de dollars.

Figure 2.3 – Dépenses militaires mondiales en 2017

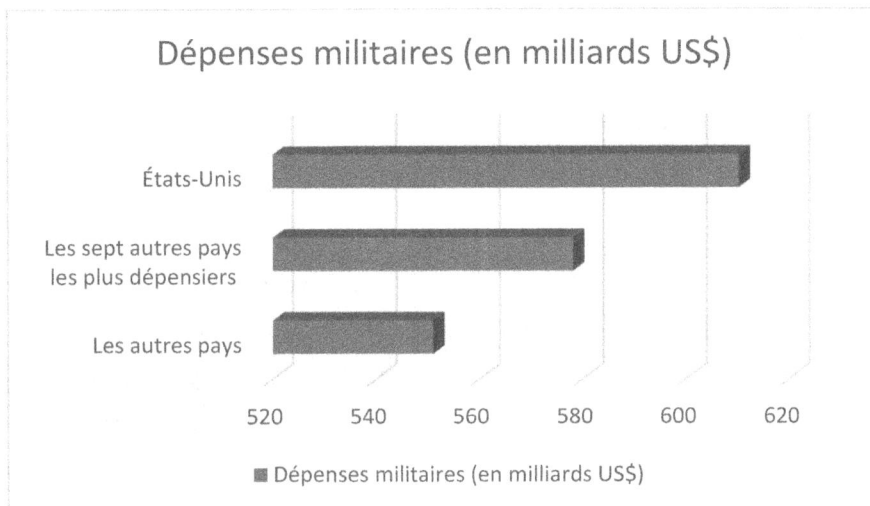

Toutefois, il est à noter que les budgets de l'ONU étaient largement inférieurs avant le rapport Brahimi, comme le montre les nombres suivants :

Tableau 2.2 – Budget de l'ONU entre 1974-1975 et 2006-2007[218].

Budget régulier de l'ONU: Comparaison des niveaux budgétaires des crédits initiaux aux dépenses *de facto*, 1974-1975 – 2006-2007 (en millions US)					
Années	**Crédits**	**Dépenses**	**Années**	**Crédits**	**Dépenses**
1974-1975	540,47	610,79	**1992-1993**	2 404,58	2 375,43
1976-1977	745,81	785,03	**1994-1995**	2 580,20	2 632,02
1978-1979	985,91	1 077,49	**1996-1997**	2 608,27	2 532,75
1980-1981	1 247,79	1 331,80	**1998-1999**	2 532,33	2 487,76
1982-1983	1 506,24	1 084,19	**2000-2001**	2 535,69	2 560,95
1984-1985	1 587,16	1 462,41	**2002-2003**	2 625,18	2 964,58
1986-1987	1 663,34	1 598,70	**2004-2005**	3 160,86	3 612,22
1988-1989	1 769,59	1 748,68	**2006-2007**	3 798,91	4 146,28
1990-1991	1 974,63	2 188,37			

---

[218] Klaus Hüfner, *United Nations Regular Budget: Comparison of Budget Levels from Initial Appropriations to de Facto Expenditure*, en ligne: Global Policy Forum <www.globalpolicy.org/un-finance/tables-and-charts-on-un-finance/the-un-regular-budget/27465.html>.

Il est en effet intéressant de regarder les budgets alloués à d'autres guerres, par exemple la guerre américaine en Irak qui aurait coûté entre 71 et 430 milliards par année[219]. Il est d'autant plus surprenant que l'ONU ne dispose que de ce budget, considérant qu'elle doive aller là où personne n'est disposée à aller, considérant le peu d'intérêt géopolitique de certains pays aux yeux des grandes puissances. Comme mentionne l'approche Nouvel horizon, « *pour dire les choses simplement, les moyens existants ne correspondent pas à l'ampleur et à la complexité des activités actuelles de maintien de la paix* »[220].

L'Occident a tendance à accorder des crédits à l'ONU, laquelle maximise ses ressources en engageant du personnel militaire de pays pauvres ou en voie de développement. En effet, en mai 2018, les principaux contributeurs de troupes étaient l'Éthiopie (8417), le Bangladesh (7099), le Rwanda (6945), l'Inde (6712), le Pakistan (5995) et le Népal (5511)[221]. Ces derniers y voient un moyen de rémunérer leurs militaires à la hauteur d'environ 1000 dollars par mois. Toutefois, comme l'expose les auteurs Devin et Smouts, cela ne garantit pas le professionnalisme des troupes et jette une ombre de partialité sur les opérations onusiennes :

> « Cet état de fait crée surtout une situation malsaine entre les pays riches du Nord qui sont les principaux financeurs et ceux du Sud qui paient le « prix du sang ». Le malaise est redoublé en raison d'un soupçon qui pèse sur l'établissement d'une division implicite du travail : aux pays du Sud le *peacekeeping* que personne ne veut faire et aux pays du Nord le *peace enforcement* là où le requièrent leurs intérêts. »[222]

De plus, parlant du « prix du sang », ce sont plus de 3 500 Casques bleus qui ont perdu la vie en servant sous le drapeau des Nations Unies depuis 1948, dont 117 hommes et femmes en 2016[223]. Le texte de ces auteurs explique en partie

---

[219] *Devin et Smouts, supra* note 6 à la p 179.
[220] *Nouvel horizon, supra* note 31 à la p 4.
[221] *Troop and police contributors, supra* note 15.
[222] *Devin et Smouts, supra* note 6 à la p 179.
[223] Nations Unies, *Journée internationale des Casques bleus des Nations Unies*, en ligne : <www.un.org/fr/events/peacekeepersday>.

les dérapages que l'on retrouve au sein des opérations de maintien de la paix. Toutefois, il est à noter qu'il y a également des policiers et militaires du Canada et de l'Allemagne qui sont visés par des allégations de violences sexuelles[224], en plus de ceux de la France tel que nous l'avons vu.

En réaction à tous ces scandales, comme nous l'avons mentionné, le chef de la MINUSCA a remis sa démission. En outre, « *décidé à vaincre le "cancer" des violences sexuelles, Ban Ki-moon a menacé de "rapatrier des contingents entiers" si les États ne punissent pas les coupables* »[225]. Plus particulièrement, en décembre 2015, Ban Ki-moon a demandé le retrait des troupes congolaises de la MINUSCA. Le 9 janvier 2016, 807 soldats et 118 policiers de la RDC ont été remerciés et n'ont pas été remplacés[226].

---

[224] Louis Charbonneau, « U.N. registered 99 sex crime allegations against its staff in 2015 », *Reuters* (3 mars 2016), en ligne : <www.reuters.com/article/us-un-peacekeepers-idUSKCN0W605W>.
[225] *Le Monde, supra* note 30.
[226] « RCA: l'ONU retire les casques bleus de la RDC opérant en Centrafrique », *RFI Afrique* (9 janvier 2016), en ligne : <www.rfi.fr/afrique/2min/20160109-rca-centrafrique-rdc-minusca-retrait-viols> [*RFI*].

Section II – Les recours actuels envers les fonctionnaires et les membres militaires des OMP

Avant le début d'une opération de maintien de la paix, il se conclut habituellement entre l'ONU et le pays hôte un accord sur le statut des forces. Dans la situation où un tel accord ne peut être conclu, c'est le modèle d'accord de 1990[227] qui s'applique par défaut[228]. Ce dernier encadre certains points des opérations, dont la question du personnel. Il y est défini cinq catégories de personnel qui sont rassemblées sous trois types, soit les fonctionnaires de l'ONU, les experts en mission et le personnel militaire des contingents nationaux. En vertu de cet accord, tous sont « *tenus de s'abstenir de tous actes ou activités incompatibles avec le caractère impartial et international de leurs fonctions ou contraires à l'esprit du présent Accord. Ils observeront intégralement les lois et règlements du pays* »[229]. En cas de défaut, le processus pour sanctionner le personnel se fait de manière différente dépendamment de la catégorie de personnel impliquée. Nous verrons dans cette section deux catégories, soit les fonctionnaires ainsi que les militaires.

Les fonctionnaires

En ce qui concerne les fonctionnaires, ils jouissent en vertu de l'article 25 du modèle d'accord des privilèges et immunités énoncés dans les articles V et VII de la *Convention sur les privilèges et immunités des Nations Unis*[230]. En effet, la section 18 de l'article V prévoit que ceux-ci « *jouiront de l'immunité de juridiction pour les actes accomplis par eux en leur qualité officielle (y compris leurs paroles et écrits)* », mais la section 20 vient ajouter que « [l]*es privilèges et immunités*

---

[227] *Modèle d'accord sur le statut des forces, supra* note 26.

[228] *Lagrange et Sorel, supra* note 36 à la p 1063.

[229] *Modèle d'accord sur le statut des forces, supra* note 26, art. 6.

[230] *Convention sur les privilèges et immunités des Nations Unies*, 13 février 1946, RTNU vol. 1, p. 17 (entrée en vigueur : 17 septembre 1946) [*Convention sur les privilèges et immunités*]; voir également *Différend relatif à l'immunité de juridiction d'un rapporteur spécial de la Commission des droits de l'homme*, Avis consultatif, [1990] CIJ rec 1999.

sont accordés aux fonctionnaires uniquement dans l'intérêt des Nations Unies et non à leur avantage personnel ». En effet, il serait contraire à la morale qu'un fonctionnaire qui ne respecte pas le droit local ou qui irait jusqu'à commettre un crime puisse s'en sortir en toute impunité. Dans ces cas de figure, la section 20 prévoit que :

> « Le Secrétaire général pourra et devra lever l'immunité accordée à un fonctionnaire dans tous les cas où, à son avis, cette immunité empêcherait que justice soit faite et pourra être levée sans porter préjudice aux intérêts de l'Organisation. »[231]

Donc, lorsqu'un fonctionnaire de l'ONU sort du cadre de ses fonctions de manière préjudiciable, le Secrétaire général pourra lever l'immunité afin que l'État hôte et/ou l'État contributeur puisse exercer sa compétence juridictionnelle. Toutefois, cela peut amener des problèmes[232]. L'État hôte peut avoir de la difficulté à exercer sa compétence si le fonctionnaire a quitté le pays lors du déroulement de l'enquête. L'État contributeur, quant à lui, peut se désintéresser de la question étant donné que son ressortissant se trouve à l'extérieur de l'État et que les faits reprochés n'ont pas été commis sur son territoire. De plus, des conflits de compétence pourraient survenir entre les deux États :

> « Si un conflit de compétences positif surgissait, la compétence territoriale devrait, de manière générale, prévaloir pour des raisons pratiques. En effet, dans ce cas de figure, le lieu de commission de l'infraction serait également le lieu de l'instruction de l'affaire, ce qui présenterait des avantages tant en matière de recueil de preuves que relativement à l'aspect préventif du procès sur la commission de futures infractions. Cependant, cette base de compétences peut présenter des inconvénients du point de vue des droits de la défense, en raison du nombre important de systèmes judiciaires défaillants dans les États où sont déployées des forces de maintien de la paix. La deuxième base de compétence, la compétence personnelle active, permettrait à l'État dont le fonctionnaire est le ressortissant de le juger. Mais outre les problèmes de preuves qui pourraient se

---

[231] *Convention sur les privilèges et immunités, supra* note 230, art. V, section 20.
[232] *Lagrange et Sorel, supra* note 36 aux pp 1063 et 1064.

présenter, l'exigence de double incrimination […] peut poser des difficultés majeures […]. »[233]

Toutefois, il est de mise que l'immunité ne sera pas levée si le pays souhaitant exercer sa compétence ne rencontre pas les normes minimales de droits humains[234]. Dans ces cas, l'ONU n'aura pas intérêt à lever l'immunité, considérant son objectif de défense, promotion et respect des droits de l'homme[235], mais l'organisation devra s'assurer que l'immunité ne devienne impunité[236]. Par exemple, selon la gravité de l'infraction, elle pourrait rapatrier son fonctionnaire ou son expert, mettre en place des sanctions disciplinaires ou mettre fin à son contrat[237].

Les membres militaires des OMP

Les membres militaires des opérations de maintien de la paix, quant à eux, « *sont soumis à la juridiction exclusive de 1'État participant dont ils sont ressortissants pour toute infraction pénale qu'ils pourraient commettre dans le [pays/territoire hôte]* »[238]. La *Convention sur les privilèges et immunités des Nations Unis* ne s'applique pas, ceux-ci n'étant pas fonctionnaires de l'ONU. Ce sera donc au pays contributeur d'engager des poursuites pénales contre leur ressortissant. Une des rares exceptions que nous pouvons trouver à ce principe est le cas de *Papa Coli Bendista Saar*[239], un membre sénégalais de la FINUL, qui fut arrêté par la police israélienne pour possession d'explosifs. Il a ainsi été jugé par les autorités israéliennes, dû au fait que la possession d'armes n'était pas liée à l'exercice de ses fonctions et qu'Israël n'avait pas conclu d'accord avec les

---

[233] *Lagrange et Sorel, supra* note 36 à la p 1064.
[234] Anthony J. Miller, « Legal Aspects of Stopping Sexual Exploitation and Abuse in U.N. Peacekeeping Operations » (2006) 39 Cornell Int'l L.J. 71, à la p 92 [*Miller*]; voir également Assemblée générale des Nations Unies, *A Comprehensive Strategy to Eliminate Future Sexual Exploitation and Abuse in United Nations Peacekeeping Operations*, Doc NU A/59/710 (24 mars 2005) à la p 29.
[235] *Charte, supra* note 21, art. 1 (3); *Zašova, supra* note 36 à la p 236.
[236] Roy, Julie. *Les crimes sexuels et la responsabilité pénale du personnel du maintien de la paix des Nations Unies*, mémoire de M Sc, Université du Québec à Montréal, 2011 à la p 52.
[237] Anne Elias, « Éthique et maintien de la paix » (2005), en ligne : Peace Operations Training Institute <cdn.peaceopstraining.org/course_promos/ethics/ethics_french.pdf> à la p 15.
[238] *Modèle d'accord sur le statut des forces, supra* note 26, art. 47 b).
[239] Cour d'Haïfa, *Israël v Papa Coli Bendista Saar*, 10 mai 1979, AJNU, 1979 aux pp 205 à 210.

Nations Unies relativement au stationnement de ses troupes[240]. Autrement, les pays contributeurs exerceront leur compétence personnelle. Afin de vérifier si les institutions actuelles sont adéquates, nous allons maintenant observer si les pays exercent réellement leur compétence. Nous commencerons par certains pays occidentaux.

Par exemple, le Canada prévoit à l'article 130 de la *Loi sur la défense*[241] qu'une infraction est punissable si elle est « *survenu*[e] *à l'étranger mais* […] *serait punissable, au Canada, sous le régime de la partie VII de la présente loi, du Code criminel ou de toute autre loi fédérale* ». Le Canada a déjà eu par le passé à juger des actes commis par des soldats canadiens à l'étranger. En 1993, alors que le Canada participait à l'effort d'ONUSOM, des soldats canadiens ont torturé et battu à mort un jeune somalien, Shidane Arone. Ce cas a mené à une enquête publique[242] et des condamnations[243].

En ce qui concerne les États-Unis, leurs militaires sont régis par le *Uniform Code of Military Justice*[244]. Ainsi, en vertu des articles 77 à 134, les militaires commettant des infractions à l'étranger pourront être jugés devant une cour martiale, à condition que l'infraction soit décrite dans ces mêmes articles :

> « Les « Articles punitifs » énumèrent les infractions soumises à la juridiction de l'*UCMJ*, allant de la conduite en état d'ivresse et des crimes contre les biens, à une série de crimes contre la personne, tels que le viol, l'*assault* ou l'agression, le meurtre, jusqu'aux crimes proprement militaires […]. L'*UCMJ* ne mentionne pas des crimes internationaux comme le génocide, les crimes de guerre, et les crimes contre l'humanité. La pratique des procureurs militaires des États-Unis est plutôt de formuler des chefs d'accusation après évaluation des actes sous-jacents. Ainsi, un militaire soupçonné d'avoir battu un détenu sera accusé d'*assault*, un crime énuméré par

---

[240] *Lagrange et Sorel, supra* note 36 aux pp 1061 et 1062.
[241] *Loi sur la défense nationale*, L.R.C. 1985, c. N-5.
[242] Susan Harada, « 1994: Somalia Inquiry to investigate Canadian military scandal », *CBC* (17 novembre 1994), en ligne: <www.cbc.ca/archives/entry/1994-somalia-inquiry-to-investigate-canadian-military-scandal>.
[243] *R. v Brocklebank*, 2 avril 1996, 134 D.L.R. (4th) 377; *R. v Seward*, 27 mai 1996, 36 C.C.R. (2d) 294.
[244] *Uniform Code of Military Justice*, USC, 10.

l'*UCMJ*, plutôt que de « torture », qui n'est pas un crime énuméré. Si son méfait constitue un crime non couvert par l'*UCMJ*, le militaire pourra être poursuivi en vertu de l'article 134, un « Article général » [...] »[245].

Les États-Unis ont par le passé eu également à traiter des violences sexuelles commises par des soldats relevant de leur juridiction. En effet, on peut penser au cas du sergent américain qui a été condamné pour la sodomisation et le meurtre d'une jeune femme du Kosovo[246].

Finalement, afin de donner un dernier exemple, la France n'a pas de cour martiale tels les États-Unis ou le Canada. Donc, les militaires français qui commettent des crimes relèvent de la justice civile et des articles 697 et 698 du *Code de procédure pénale*[247] :

> « Pour les faits commis (ou présumés) à l'étranger, ce sont les tribunaux parisiens qui traitent ces affaires. Voilà pourquoi c'est le parquet de Paris qui, saisi par le ministère de la Défense, a ouvert une enquête préliminaire dès la fin juillet 2014 pour viols sur mineurs de moins de 15 ans. La seule différence avec la justice dite classique est que l'enquête n'est pas menée par des officiers de police judiciaire. C'est la gendarmerie prévôtale, qui accompagne l'armée française sur les zones de conflit, qui le fait. »[248]

Comme nous avons pu lire précédemment dans le rapport Deschamps, la France a immédiatement ouvert une enquête à la suite d'allégations à l'encontre de son personnel en Centrafrique. Nous pouvons donc conclure qu'en pratique, certains pays occidentaux remplissent leurs obligations en matière de crimes commis par des casques bleus. Toutefois, il faut garder en tête que ces derniers ne

---

[245] Diane Marie Amann, « La justice militaire et les Juridictions d'exception aux États-Unis » dans Elisabeth Lambert-Abdelgawad, dir., *Juridictions militaires et tribunaux d'exceptions en mutation*, Paris, Éditions des archives contemporaines, 2007 à la p 269.

[246] Melanie O'Brien, *National and international criminal jurisdiction over United Nations peacekeeping personnel for gender-based crimes against women*, thèse de doctorat en droit, University of Nottingham, 2010 [non publiée] citant *United States v Ronghi*, No. ARMY 20000635 (A. Ct. Crim. App.), le 27 mai 2003; *United States v Ronghi*, No. 03-0520, 60 MJ 83, le 30 juin 2004.

[247] *Code de procédure pénale de la France.*

[248] Alexandre Boudet, « Soldats français en Centrafrique: comment fonctionne la justice pour les militaires? », *Huffington Post* (30 avril 2015), en ligne : <www.huffingtonpost.fr/2015/04/30/soldats-francais-centrafrique-comment-fonctionne-justice-pour-militaires_n_7178758.html>.

contribuent que peu en termes de troupes aux OMP et que notre analyse est loin d'être exhaustive.

En ce qui concerne les « pays du Sud », les scandales envers ceux-ci se multiplient sans que les soldats visés soient nécessairement sanctionnés. Dans le cas de la RDC, pour laquelle le Secrétaire général a demandé et obtenu le retrait des troupes, on apprend qu'officieusement ce retrait faisait suite à deux affaires de viols commis en août et novembre 2015 pour lesquelles les autorités de Kinshasa avaient tenté d'étouffer les affaires malgré les demandes répétées de l'ONU de faire la lumière sur ces accusations[249].

De plus, parmi les données accessibles sur le site du *Conduct and Discipline Unit* des Nations Unies[250], on retrouve les chiffres suivants concernant les allégations envers les militaires des États contributeurs à la MINUSCA de 2015 à 2017 : RDC (25), Congo (15), Maroc (9), Gabon (7), Cameroun (7), Burundi (6), Mauritanie (5), Pakistan (2), Bangladesh (1), Égypte (1), Niger (1) et Zambie (1). Aucun pays « occidental » ne s'y retrouve.

De manière un peu plus générale, le *High-Level Independent Panel on United Nations Peace Operations* a déjà indiqué dans son rapport de 2015 que: « *The current system for the Secretariat to follow up with Member States regarding disciplinary or legal action taken in such cases remains weak. Secretariat requests often remain unanswered by Member States. In other cases, Member States provide delayed or insufficient information* »[251]. En outre, nous avons pu lire à travers le rapport Deschamps que l'ONU ne réagit pas toujours de manière efficace face au problème. Nous pouvons ainsi conclure que les institutions actuelles peinent à endiguer ce fléau qui semble affecter majoritairement les pays en voie de développement et il sera pertinent d'examiner à la partie suivante de cet ouvrage les différentes solutions que nous pourrions

---

[249] *RFI, supra* note 226.
[250] *Statistics, supra* note 195.
[251] *HIPPO, supra* note 32 à la p 74, par 260.

apporter afin de non seulement punir les responsables, mais également d'enrayer le phénomène des crimes sexuels commis par les casques bleus.

À titre de parallèle, en 2009, l'Assemblée générale de l'ONU s'est dite « [p]*rofondément préoccupée par les informations faisant état de la commission d'infractions pénales, et sachant que, faute d'être l'objet d'enquête et de poursuites, s'il y a lieu, de telles infractions peuvent donner à penser que les fonctionnaires et experts en mission des Nations Unies agissent en toute impunité* » et elle « [e]*ngage vigoureusement les États à prendre des mesures pour que les infractions pénales commises par des fonctionnaires ou experts en mission des Nations Unies ne restent pas impunies et que [...] leurs auteurs soient traduits en justice* »[252]. Nous considérons que la même réflexion s'impose également à l'égard des contingents militaires.

[252] Assemblée générale, *Responsabilité pénale des fonctionnaires et des experts en mission des Nations Unies*, Rés. AG 63/119, Doc. Off. AG NU, 63e sess., Doc. NU A/RES/63/119 (2009) aux pp 2 et 3.

Section III – Les pistes de solution

À l'aide des rapports survolés dans la partie I de ce livre, mais également de d'autres auteurs, rapports et jugements, nous évaluerons quelles solutions s'offrent à l'ONU afin de régler les problèmes soulevés dans la section précédente et lesquelles seraient les plus réaliste et efficace à notre sens.

La création d'un tribunal pénal international

Dans la prochaine sous-section, nous allons faire un survol de l'évolution du droit international en matière de violences sexuelles (I) et des crimes commis envers les casques bleus (II), et nous allons discuter de la possibilité ainsi que de l'intérêt de mettre en place un tribunal pénal international spécialisé pour les crimes commis par les casques bleus (III).

I. Les violences sexuelles et le droit international

Le droit international, en ce qui concerne les violences sexuelles, a fait un bond spectaculaire dans les dernières années. En effet, dans les années 90, nous avons pu voir une avancée majeure dans ce domaine notamment grâce à la jurisprudence des tribunaux pénaux créés de manière *ad hoc*, dont le Tribunal pénal international pour l'ex-Yougoslavie (TPIY) et le Tribunal pénal international pour le Rwanda (TPIR). Ces derniers ont produit une série de décisions qui ont explicitement reconnu le caractère criminel et international des actes de violence sexuelle :

> « In *Tadic*, the Tribunal formally recognized sexual violence as an international crime. The *Delalic* Tribunal recognized sexual humiliation as a war crime and a grave breach of the Geneva Conventions and established command responsibility for acts of sexual violence. The Tribunal found rape and forced watching of rape to constitute torture as well as a war crime in *Furundzija*. In *Kunarac*, rape, enslavement of women, and related outrages upon personal dignity were found to constitute crimes against humanity as well as war crimes. In the ICTR jurisprudence, *Akayesu* was the

major case solidifying sexually violent acts as international crimes. »[253]

Dans les mêmes années, ces différents crimes en matière sexuelle ont été codifiés dans le Statut de Rome[254], traité international qui a institué la Cour pénale internationale (CPI). Nous y retrouvons notamment les crimes de viol, esclavage sexuel, prostitution forcée, grossesse forcée ou de stérilisation forcée[255].

Ce domaine du droit international a été de nouveau mis sous les feux des projecteurs dû aux nombreuses allégations de rapports sexuels entre les casques bleus et la population locale qu'ils sont censés protéger. Les pays où sont déployés les casques bleus présentent pour la plupart des facteurs de risques de violences sexuelles. En effet, les populations des zones de conflit vivent dans une extrême pauvreté et le taux de chômage y est élevé. La prostitution dans de tels environnement devient ainsi une source de revenu pour les filles et les femmes[256] et les casques bleus sont perçus comme étant beaucoup plus aisés financièrement et en position de pouvoir[257]. De plus, il y a un haut taux d'enfants qui vivent sans famille et le droit est presque inexistant ou peu appliqué dans ces endroits[258].

Devant une situation devenant de plus en plus problématique et face à certaines troupes provenant de pays où certains actes sexuels ne sont pas nécessairement criminalisés, le Secrétaire général a émis une circulaire afin de prévenir et d'interdire l'exploitation et les abus sexuels. Il les définit comme suit :

---

[253] Muna Ndulo, « The United Nations Responses to the Sexual Abuse and Exploitation of Women and Girls by Peacekeepers during Peacekeeping Missions » (2009) 27:1 Berkeley J Intl L 127 à la p 134 [*Ndulo*].
[254] *Statut de Rome de la Cour pénale internationale*, 17 juillet 1998, 2187 R.T.N.U. 3 (entrée en vigueur : 1er juillet 2002) [*Statut de Rome*].
[255] *Ibid*, art. 7 (1) (g).
[256] *Ndulo, supra* note 253 à la p 144.
[257] Elizabeth F. Defeis, « U.N. Peacekeepers and sexual abuse and exploitation: an end to impunity » (2008) 7 Wash. U. Global Stud. L. Rev. 185 à la p 191; voir également Anna Shotton, « A strategy to address sexual exploitation and abuse by United Nations peacekeeping personnel » (2006) 39 Cornell Int'l L.J. 97 à la p 103.
[258] *Ibid* à la p 103.

« L'expression « exploitation sexuelle » désigne le fait d'abuser ou de tenter d'abuser d'un état de vulnérabilité, d'un rapport de force inégal ou de rapports de confiance à des fins sexuelles, y compris mais non exclusivement en vue d'en tirer un avantage pécuniaire, social ou politique. On entend par « abus sexuel » toute atteinte sexuelle commise avec force, contrainte ou à la faveur d'un rapport inégal, la menace d'une telle atteinte constituant aussi l'abus sexuel »[259].

Toutefois, cette circulaire n'est pas contraignante, car comme nous avons pu voir précédemment, les casques bleus restent sous la juridiction de leur État de nationalité. La violence sexuelle est également décrite dans le document Éléments des crimes de la CPI en relation avec l'article 7 (1) g) :

« L'auteur a commis un acte de nature sexuelle sur une ou plusieurs personnes ou a contraint ladite ou lesdites personnes à accomplir un tel acte par la force ou en usant à l'encontre de ladite ou desdites ou de tierces personnes de la menace de la force ou de la coercition, telle que celle causée par la menace de violences, contrainte, détention, pressions psychologiques, abus de pouvoir, ou bien à la faveur d'un environnement coercitif, ou encore en profitant de l'incapacité desdites personnes de donner leur libre consentement. »[260]

D'autres éléments au niveau international ajoutent des obligations aux États. Tout d'abord, les conventions de Genève prévoient un régime spécial de protection pour les femmes. Par exemple, dans les cas de conflits armés internationaux, l'article 12 (4) commun aux Conventions I[261] et II[262] de Genève prévoit le principe fondamental selon lequel les femmes seront traitées avec tous les égards particuliers dus à leur sexe. De plus, l'article 27 (2) de la Convention IV de Genève indique que *les femmes seront spécialement protégées contre toute atteinte à leur honneur, et notamment contre le viol, la contrainte à la*

---

[259] *Circulaire visant à prévenir l'exploitation et les abus sexuels, supra* note 153 à la p 1.

[260] *Éléments des crimes*, en ligne : CPI <www.icc-cpi.int/NR/rdonlyres/7730B6BF-308A-4D26-9C52-3E19CD06E6AB/0/ElementsOfCrimesFra.pdf> [*Éléments des crimes*].

[261] *Convention de Genève pour l'amélioration du sort des blessés et des malades dans les forces armées en campagne*, 12 août 1949, 75 R.T.N.U. 31 (entrée en vigueur : 21 octobre 1950).

[262] *Convention de Genève pour l'amélioration du sort des blessés, des malades et des naufragés des forces armées sur mer*, 12 août 1949, 75 R.T.N.U. 85 (entrée en vigueur : 21 octobre 1950).

prostitution et tout attentat à leur pudeur »[263]. Les mêmes termes sont également repris à l'article 76 du Protocole additionnel I[264].

Dans les cas de conflits armés non internationaux [CANI], en vertu de l'article 3 commun aux quatre Conventions de Genève, les femmes doivent être « *traitées avec humanité, sans aucune distinction de caractère défavorable basée sur* [...] *le sexe* ». L'article 4 (2) e) du Protocole additionnel II[265] prohibe également « *les atteintes à la dignité de la personne, notamment les traitements humiliants et dégradants, le viol, la contrainte à la prostitution et tout attentat à la pudeur* ». De surcroît, le Statut de Rome établit des violations aux articles 7 (1) g) et 8 (2) c) et e).

Il est reconnu que la seule présence de forces multinationales déployées sous mandat de l'ONU dans un conflit armé ne suffit pas à internationaliser celui-ci[266]. Dans le cas de la Centrafrique, comme la MINUSCA vient en soutien au gouvernement en place afin de rétablir son autorité sur le territoire, cela ne change pas selon nous sa qualification de CANI.

En outre, l'interdiction du viol et des autres formes de violence sexuelle est citée dans une étude du Comité international de la Croix-Rouge comme une norme coutumière, applicable dans les conflits armés tant internationaux que non internationaux[267].

---

[263] *Convention de Genève relative au traitement des prisonniers de guerre*, 12 août 1949, 75 R.T.N.U. 135 (entrée en vigueur : 21 octobre 1950).

[264] *Protocole additionnel aux Conventions de Genève du 12 août 1949 relatif à la protection des victimes des conflits armés internationaux*, 8 juin 1977, 1125 R.T.N.U. 3 (entrée en vigueur : 7 décembre 1978).

[265] *Protocole additionnel aux Conventions de Genève du 12 août 1949 relatif à la protection des victimes des conflits armés non internationaux*, 8 juin 1977, 1125 R.T.N.U. 609 (entrée en vigueur : 7 décembre 1978).

[266] Médecins sans frontières, *Conflit armé international*, en ligne : Dictionnaire pratique du droit humanitaire <dictionnaire-droit-humanitaire.org/content/article/2/conflit-arme-international>.

[267] Comité international de la Croix-Rouge, *Droit international humanitaire coutumier*, Bruxelles, Bruylant, 2006 à la p 427.

Malgré la clarté de ces textes, le problème continue d'être d'actualité. Dans une mise à jour du 17 mai 2016[268], l'ONU réitère qu'il prend les allégations d'exploitation et d'abus sexuel au sérieux. Toutefois, malgré les efforts de cette dernière, il y a eu 103 allégations en 2016 à l'encontre du personnel d'OMP, et en date de mai 2017, il y avait déjà 21 allégations d'enregistrées[269].

Ce nombre peut sembler minime comparativement aux 96 477 personnes en uniforme et 14 258 civils qui sont déployés[270]. Toutefois, les chiffres précédents ne sont que la pointe de l'iceberg, car ce ne sont pas toutes les infractions de nature sexuelle qui sont dénoncées. L'*Office of Internal Oversight Services*, dans son rapport de 2015[271], cite une étude qui mentionne ceci :

> « A survey based on a randomly selected sample of 489 women aged 18 to 30 in Monrovia, Liberia in 2012 showed that over one quarter of the city's women in that age group had engaged in transactional sex with United Nations peacekeeping personnel, usually for money. [...] The study concluded there was "a widespread violation of the United Nations' zero tolerance policy" and recommended a thorough review of the policy and its implementation. »[272]

Cette affirmation est confirmée par l'auteure Muna Ndulo qui mentionne qu'il y aurait près de 6 600 enfants qui auraient été engendrés par des casques bleus dans la mission au Libéria, et près de 24 500 enfants dans celle au Cambodge[273]. Le faible nombre d'allégations est expliqué en autre par le fait qu'en cas de prostitution, il n'y a pas d'incitation économique à dénoncer les faits.

---

[268] Department of Field Support, « Update on allegations of sexual exploitation and abuse in united nations peacekeeping operations and special political missions » (17 mai 2016), en ligne: Nations Unies <www.un.org/en/peacekeeping/documents/updatesea.pdf> [*Update*].

[269] *Statistics, supra* note 195.

[270] Département du maintien de la paix, *Fiche d'information sur les opérations de maintien de la paix en cours*, en ligne : Nations Unies <www.un.org/fr/peacekeeping/resources/statistics/factsheet.shtml>.

[271] Office of Internal Oversight Services. Rapport indépendant, « Evaluation of the Enforcement and Remedial Assistance Efforts for Sexual Exploitation and Abuse by the United Nations and Related Personnel in Peacekeeping Operations » (15 mai 2015), en ligne: Nations Unies <oios.un.org/page/download2/id/13> [*OIOS*].

[272] *Ibid* à la p 22.

[273] *Ndulo, supra* note 253 à la p 157.

Tel que vu précédemment, les OMP sont déployées dans des États où règnent la misère, un manque de possibilités d'emploi et un effilochement du tissu social, et où de nombreuses personnes, notamment les enfants, sont livrées à elles-mêmes[274].

Malgré tout, même si l'ONU a commis des erreurs, elle n'est pas restée les bras croisés lors de ces dernières années. En plus de publier des mises à jour sur les allégations et de faire preuve de transparence, cette dernière a implanté des mesures administratives, publié des rapports et exercé un plus grand contrôle sur les opérations de maintien de la paix[275]. Toutefois, comme on peut le constater, cela n'est pas suffisant. Nous verrons donc plus loin les solutions que nous pourrions apporter afin de régler ce fléau qui frappe les OMP et que l'ONU peine à endiguer convenablement.

II.   Les crimes commis envers les casques bleus

Lors de la réflexion sur la création de la Cour pénale internationale, la Commission du droit international (CDI) a élaboré des projets de code afin de cerner quels seraient les crimes internationaux envers lesquels la future Cour aurait compétence. Le projet de Code de 1996 définissait à son article 19 les crimes contre le personnel des Nations Unies et le personnel associé[276]. Cet article a été repris dans le Statut de Rome à son article 8 (2) b) iii), lequel énonce qu'est un crime international :

> « [l]e fait de diriger intentionnellement des attaques contre le personnel, les installations, le matériel, les unités ou les véhicules employés dans le cadre d'une mission d'aide humanitaire ou de maintien de la paix conformément à la Charte des Nations Unies, pour autant qu'ils aient droit à la protection que le droit

---

[274] *Rapport Zeid, supra* note 149 à la p 12.

[275] Marco Odello et Róisín Burke, « Between immunity and impunity: peacekeeping and sexual abuses and violence » (2016) 20:6 Intl J Human Rights 839, à la p 839 [*Odello et Burke*].

[276] Commission du droit international, *Projet de code des crimes contre la paix et la sécurité de l'humanité et commentaires y relatifs*, ONU, New York, 1996, art. 19 [*Projet de code des crimes de 1996*].

international des conflits armés garantit aux civils et aux biens de caractère civil »[277].

Toutefois, cet article semble à première vue traiter des attaques envers le personnel civil des Nations Unies et non les soldats. C'est également ce qui semble ressortir du projet de code des crimes de 1996, lequel énonçait que :

> « [c]et article ne s'applique pas à une opération des Nations Unies autorisée par le Conseil de sécurité en tant qu'action coercitive en vertu du Chapitre VII de la Charte des Nations Unies dans le cadre de laquelle du personnel est engagé comme combattant contre des forces armées organisées et à laquelle s'applique le droit des conflits armés internationaux. »[278]

Une recherche dans la jurisprudence des tribunaux internationaux donne un éclairage différent sur ce sujet. Le statut du Tribunal spécial pour la Sierra Leone reprend le crime énoncé précédemment à son article 4 b)[279]. Dans l'affaire *Procureur c. Issa Hassan Sesay, Morris Kallon et Augustine Gbao*[280], les juges reprennent une méthodologie similaire à celle retrouvée dans le document Éléments des crimes[281] et mettent l'accent sur l'élément suivant : *« Such personnel, installations, material, units or vehicles were entitled to that protection given to civilians or civilian objects under the international law of armed conflict »*[282] (notre soulignement). Lors de leur analyse, les juges distinguent les opérations de maintien de la paix des actions coercitives autorisées par le Conseil de sécurité sous l'égide du Chapitre VII de la Charte[283]. Ils écrivent ceci :

> « It is also the Chamber's view that by force of logic, personnel of peacekeeping missions are entitled to protection as long as they are

---

[277] *Statut de Rome, supra* note 255, art. 8 (2) b) iii).

[278] *Projet de code des crimes de 1996, supra* note 276, art. 19 (2).

[279] *Statut du tribunal spécial pour la Sierra Leone*, Organisation des Nations unies et Sierra Leone, 16 janvier 2002, 2178 R.T.N.U. 161.

[280] *Procureur c. Issa Hassan Sesay, Morris Kallon, Augustine Gbao*, Affaire SCSL-04-15-T, Chambre I, Tribunal spécial pour la Sierra Leone, jugement du 2 mars 2009, en ligne : SCSL <www.rscsl.org/Documents/Decisions/RUF/1234/SCSL-04-15-T-1234-searchable.pdf> [*Affaire du RUF*].

[281] *Éléments des crimes, supra* note 260 à la p 20.

[282] *Affaire du RUF, supra* note 280 à la p 70.

[283] *Ibid* à la p 74.

not taking a direct part in the hostilities – and thus have become combatants - at the time of the alleged offence. [...] The Chambers opines that the use of force by peacekeepers in self-defence in the discharge of their mandate, provided that it is limited to such use, would not alter or diminish the protection afforded to peacekeepers. »[284]

Donc, selon la Cour, afin de déterminer si le personnel d'une mission de paix de l'ONU a droit à la protection susmentionnée, il faut considérer l'entièreté des circonstances au moment du crime, incluant entre autres les résolutions du Conseil de sécurité, les mandats, les règles d'engagement et l'utilisation de la force ou l'interaction entre le personnel de l'ONU et les parties au conflit[285]. Dans le cas présent, la Cour établit des condamnations pour des attaques envers les casques bleus de la mission UNAMSIL[286].

Dans le même ordre d'idées, suite à une attaque au Darfour le 13 juillet 2013 qui a fait 7 morts parmi les casques bleus et 17 blessés parmi ces derniers et les forces policières, le procureur de la CPI a émis un communiqué rappelant aux parties du conflit que « *the intentional directing of attacks against peacekeepers may constitute war crimes* [...] *The office will not hesitate to investigate and prosecute those alleged to have committed such crimes should the national authorities fail to* »[287].

Tous ces éléments semblent indiquer l'instauration de crimes internationaux pour ceux commis envers les casques bleus, ce qui sera à prendre en compte advenant la mise en place d'une institution internationale spécialisée.

---

[284] *Affaire du RUF, supra* note 280 à la p 75.
[285] *Ibid* aux pp 75 et 76.
[286] *Ibid* aux pp 654 et s.
[287] « Attacks against peacekeepers may constitute war crimes – ICC Prosecutors », *UN News Centre* (19 juillet 2013), en ligne: <www.un.org/apps/news/story.asp?NewsID=45457#.WCOFZSR0bB4>.

III. La mise en place d'un tribunal international

La Cour pénale internationale est une juridiction pénale internationale. Toutefois, cette dernière est complémentaire aux juridictions pénales nationales[288], à moins qu'un État n'ait pas la volonté ou soit dans l'incapacité de mener véritablement à bien l'enquête ou les poursuites[289]. De plus, les chances que des casques bleus soient jugés devant cette Cour sont très minces. En effet, même si le Statut de Rome contient tel que vu précédemment des dispositions contre les crimes sexuels, celles-ci requièrent de faire partie prenante d'une attaque généralisée ou systématique dirigée contre une population civile en général et non pas envers des individus pris séparément[290].

Même si l'on arrivait à accuser via la CPI des casques bleus individuellement pour des crimes sexuels, l'auteure Alexandra Harrington certains problèmes procéduraux à cette situation. Premièrement, ce ne sont pas tous les États qui ont signé et ratifié le Statut de Rome, ce qui permettrait de poursuivre seulement les casques bleus provenant de ces pays, créant ainsi une inégalité[291]. Nous pouvons notamment penser aux cas de l'Inde, du Pakistan, du Népal, de l'Éthiopie, du Rwanda et de l'Égypte qui sont parmi les plus grands contributeurs de troupes[292]. Deuxièmement, le Procureur de la Cour a des pouvoirs qui sont plus grands que ses équivalents nationaux, et ce dernier peut être un national du même pays que celui de l'accusé[293]. Troisièmement, contrairement à certaines juridictions comme les États-Unis ou le Canada, la CPI

---

[288] *Statut de Rome, supra* note 255, préambule.

[289] *Ibid*, art. 17 (1) a).

[290] *Ibid*, art. 7 (1) g)

[291] Alexandra R. Harrington, « Victims of peace: current abuse allegations against U.N. Peacekeepers and the role of law in preventing them in the future » (2005) 12 ILSA J. Int'l & Comp. L. 125 à la p 8 [*Harrington 2005*].

[292] *Les États parties au Statut de Rome*, en ligne : CPI <asp.icc-cpi.int/fr_menus/asp/states parties/Pages/the states parties to the rome statute.aspx>; Carla Ferstman, *Special Report - Criminalizing Sexual Exploitation and Abuse by Peacekeepers*, Washington DC, United States Institute of Peace, 2013 à la p 8 [*Ferstman*].

[293] *Harrington 2005, supra* note 291 aux pp 8 et 9.

n'a pas le pouvoir d'émettre de *subpoena* ou de contraindre des personnes à témoigner. L'auteure ajoute que:

> « Add to this the possible inability of young victims to positively identify their attacker beyond a reasonable doubt, and peacekeeper prosecutions at the ICC seem doomed to an uncertain, and inequitable, outcome under the procedural requirements set forth in the ICC statute regardless of their viability under the terms of the current crimes and elements codified in the ICC statute. »[294]

Au vu de tout cela, on en comprend que la CPI n'est pas le forum adéquat pour ce type de crimes. Il est intéressant de noter également que le Conseil de sécurité a également adopté dans le passé une résolution empêchant l'exercice de poursuites par le procureur de la CPI à l'encontre de membres d'OMP[295]. Nous allons donc maintenant analyser si la création d'un tribunal pénal international spécialisé pour ce type de crimes serait une solution.

Radhika Coomaraswamy, ancienne représentante spéciale de l'ONU sur la violence envers les femmes et sur les enfants dans les conflits armés, a souligné lors d'une conférence en 2015 le fait que les États ne poursuivent pas tous leurs casques bleus fautifs étant donné que certains pays où les missions opèrent n'ont pas de système judiciaire garantissant aux accusés un procès équitable et qu'*« aucun pays n'aime voir juger ses soldats »* [296]. En effet, comme nous l'avons abordé, les infractions commises lors d'OMP sont susceptibles d'une forte médiatisation et ainsi les États fournisseurs de troupes sont donc peu disposés à engager des poursuites disciplinaires contre les membres de leurs contingents en raison de la publicité négative que cela pourrait entraîner[297], ce qui expliquerait le nombre limité d'affaires traitées par les juridictions militaires.

---

[294] *Harrington 2005, supra* note 291 à la p 9.
[295] Conseil de sécurité, *Résolution 1422 sur le maintien de la paix par les Nations Unies*, 12 juillet 2002, Doc NU S/RES/1422 (2002); *Zašova, supra* note 36 à la p 9.
[296] « Des experts favorables à un tribunal pour les sévices sexuels », *Agence France-Presse* (13 octobre 2015), en ligne : <www.ledevoir.com/international/actualites-internationales/452385/casques-bleus-des-experts-favorables-a-un-tribunal-pour-les-sevices-sexuels>.
[297] *Rapport Zeid, supra* note 149 à la p 28, par 68.

Cette conférence portait sur un rapport de ONU Femmes dont Radhika Coomaraswamy est l'auteure principale. Elle y indique des pistes de solutions, comme la création de tribunaux hybrides ou l'exercice d'une juridiction partagée[298], mais selon elle, la meilleure solution consisterait en la création d'un tribunal international spécialisé pour juger les crimes commis par les casques bleus :

> « However, the most preferable option—and one that would signal the commitment of the United Nations and Troop Contributing Countries to end this type of behavior altogether—would be the establishment of an international tribunal, created under a treaty between States, with jurisdiction to try UN staff in the field and all categories of peacekeepers. »[299]

Cette solution pourrait présenter certains avantages. En plus de pouvoir garantir un procès équitable aux casque bleus, cela éviterait d'avoir des issues différentes pour les mêmes crimes. En effet, chaque pays a des procédures légales différentes, ce qui pourrait impliquer, par exemple, des peines différentes pour un casque bleu français ou un casque bleu sud-africain pour une même infraction[300]. De plus, dans la situation actuelle, certains casques bleus au courant du fonctionnement légal de leur pays d'origine peuvent être encouragés à commettre des crimes s'ils savent que ce genre de crime est plus ou moins jugé ou si les peines sont relativement légères[301], alors que des lois plus sévères pourraient les dissuader de poser de tels gestes.

Toutefois, il faudrait accorder à ce tribunal les moyens de fonctionner adéquatement et le doter de procédures qui inspirent la confiance du public. En ce qui concerne la question du financement, il serait préférable d'avoir un financement indépendant, par exemple lui accorder le pouvoir d'imposer des amendes assorties aux différentes peines ou lui accorder un budget distinct de

---

[298] *UN Women, supra* note 20 à la p 149.
[299] *Ibid.*
[300] *Harrington 2005, supra* note 291 à la p 7.
[301] *Ibid* aux pp 7 et 8.

celui des Nations Unies. En outre, au niveau des enquêtes, il serait préférable que ce soient des enquêteurs indépendants qui enquêtent sur les casques bleus plutôt que ce soit l'ONU qui enquête sur ses propres employés. On peut donner à titre d'exemple celui du Québec, qui a fondé le Bureau des enquêtes indépendantes, dans lequel l'équipe d'enquêteurs détient la parité entre civils et anciens agents de la paix[302], pour remplacer l'ancien système où la police enquêtait sur la police. Il faudrait également donner à ce tribunal le pouvoir d'assigner des *subpoenas*, de contraindre les témoins à témoigner et de demander l'extradition des personnes.

Par contre, il existe des problèmes face à l'extradition d'une personne accusée d'infractions de nature sexuelle. Premièrement, l'âge de consentement n'est pas le même dans toutes les juridictions. Deuxièmement, les crimes décrits dans les accusations ne sont pas nécessairement criminels dans l'État de nationalité de l'accusé. Troisièmement, certains pays, tel que l'Autriche, ont des lois qui interdissent l'extraditions de leurs ressortissants[303]. Toutefois, la CIJ a déterminé par le passé qu'il existe une obligation pour les pays de soumettre ce type de cas à ses autorités compétentes pour l'exercice de l'action pénale, à défaut d'extrader[304].

À cela s'ajoute les désavantages d'une telle juridiction internationale, notamment les délais que prennent les tribunaux internationaux à rendre une décision[305] et les coûts que cela implique. À titre comparatif, la Cour pénale internationale s'était fait attribuer en 2016 un budget de 139,59 millions d'euros[306].

---

[302] *Profil et sélection des enquêteurs*, en ligne : Bureau des enquêtes indépendantes <www.bei.gouv.qc.ca/enqueteurs/profil-et-selection.html>.

[303] *Ndulo, supra* note 253 à la p 157.

[304] Voir *Questions concernant l'obligation de poursuivre ou d'extrader (Belgique c. Sénégal)*, arrêt, CIJ rec 2012.

[305] Kyle T. Jones, « The Many Troubles of the ICC - The International Criminal Court's Kafkaesque bureaucracy and obstructive defendants are hindering justice. », *The National Interest* (6 décembre 2012), en ligne : <nationalinterest.org/commentary/the-many-troubles-the-icc-7822>.

[306] CPI, Assemblée des États Parties, 15e session, *Projet de budget - Programme de la Cour pénale internationale pour 2017*, Doc off ICC-ASP/15/10 (2016) à la p 7.

Pour terminer, afin d'éviter d'avoir à créer une nouvelle entité et à négocier une telle juridiction avec les 193 États membres des Nations Unies, une solution serait de tout simplement réformer l'actuelle CPI, ou de créer une force permanente onusienne[307], idée que nous aborderons dans le chapitre suivant, qui permettrait à l'ONU de sanctionner ses propres soldats directement.

Les solutions alternatives

Le *High-Level Independent Panel on United Nations Peace Operations* a par le passé proposé des solutions tel que le rapatriement de l'individu ou des troupes ou d'exiger des pays contributeurs des garanties de poursuite envers les casques bleus fautifs[308]. Le rapport d'ONU Femmes mentionne qu'une autre solution pourrait être la mise en place d'une convention internationale selon laquelle les États seraient obligés d'enquêter, d'accuser et/ou d'extrader les présumer fautifs et d'apporter une coopération mutuelle entre États[309], ce qui pourrait palier au fait que l'ONU n'a aucun pouvoir d'extradition[310]. Toutefois, le principal inconvénient d'une convention est qu'il n'y a aucune obligation de devenir partie à celle-ci, étant donné qu'une convention ne lie que les parties signataires. Une solution serait que le mémorandum d'accord entre l'ONU et le pays fournisseur de troupes prévoie que ce dernier s'engage à saisir ses autorités compétentes si une enquête révèle qu'un membre de son contingent s'est livré à de l'exploitation ou de l'abus sexuel[311]. Autrement, certains auteurs iraient plus loin en exigeant une résolution du Conseil de sécurité basée sur l'article 103 de la Charte qui imposerait une plus grande obligation des États de discipline envers leurs troupes et prévaudrait sur les autres instruments internationaux[312].

---

[307] Voir notamment à ce sujet *Pichat, supra* note 47; Carl Conetta et Charles Knight, *Vital Force: A proposal for the Overhaul of the UN Peace Operations System and for the Creation of a UN Legion*, Cambridge, Massachusetts, Commonwealth Institute, 1995 [*Vital Force*].

[308] *HIPPO, supra* note 32 aux pp 74 à 77.

[309] *Ibid* à la p 149.

[310] *Miller, supra* note 234 à la p 93.

[311] *Rapport Zeid, supra* note 149 à la p 7.

[312] *Odello et Burke, supra* note 275 à la p 844.

Toutefois, selon l'auteure Alexandra Harrington, cela n'est pas assez. Elle suggère de bannir certains pays des missions de paix: « *states that send peacekeepers who behave badly would have their ability to send further peacekeepers suspended for at least three years and would have to undergo a stringent review before being authorized to send peacekeepers in the future* »[313]. À ceux qui avancent l'argument que cela amputerait les opérations de nombreux soldats, celle-ci leur répond que la qualité des troupes devrait être bien plus importante que la quantité[314]. Une idée semblable est également reprise dans le rapport du *High-Level Independent Panel* qui suggère de bannir les pays qui se retrouvent dans les rapports sur le sort des enfants en temps de conflit armé et sur les violences sexuelles liées aux conflits[315]. Une autre variante est de refuser les contingents des États qui ne respectent pas leurs engagements d'enquêter et de poursuivre leurs militaires fautifs, en plus de nommer ces États publiquement[316].

Une autre solution résiderait dans l'augmentation du nombre de femmes parmi les casques bleus. Actuellement, seulement 3% des soldats dans les missions de l'ONU sont des femmes et la majorité d'entre elles ont des rôles administratifs[317]. Même son de cloche du côté du personnel de police où elles ne représentent que 10%. Au 31 décembre 2014, les femmes ne constituaient que 29% des administrateurs dans les OMP de l'ONU et au niveau des postes de chefs de mission, les femmes n'occupaient que 6 de ces postes sur un total de 27[318]. Le tableau suivant montre la répartition par sexe des administrateurs et fonctionnaires de rang supérieur dans les OMP[319] :

---

[313] Alexandra R. Harrington, « Prostituting peace: the impact of sending state's legal regimes on U.N. Peacekeeper behavior and suggestions to protect the populations peacekeepers guard » (2008) 17 J. Transnat'l L. & Pol'y 217 à la p 300 [*Harrington 2008*].
[314] *Ibid* aux pp 298 et 299.
[315] *HIPPO, supra* note 32 à la p 77.
[316] *Ferstman, supra* note 292 à la p 1.
[317] *HIPPO, supra* note 32 à la p 77; *UN Women, supra* note 20 à la p 14.
[318] *Ibid* à la p 96.
[319] *Ibid.*

Tableau 4.1 - Répartition par sexe des administrateurs et fonctionnaires de rang supérieur dans les opérations de paix des Nations Unies (au 31 décembre 2014)

	Femmes		Hommes	
Classe	Nombre	Pourcentage	Nombre	Pourcentage
SGA	5	28	13	72
SSG	5	13	34	87
D-2	8	16	43	84
D-1	30	24	97	76
P-5	93	25	277	75
P-4	248	28	635	72
P-3	352	31	801	69
P-2	95	41	138	59

Abréviations : SSG = Sous-Secrétaire général; SGA = Secrétaire général adjoint.

Cette pénurie grave de femmes au sein des missions était par ailleurs mentionnée dans l'approche Nouvel horizon en 2009[320]. Même s'il existe très peu d'études sur le sujet[321], il y aurait plusieurs avantages à augmenter le ratio femmes versus hommes dans les missions. Par exemple, si l'on contraint les femmes à des postes administratifs, leur visibilité auprès des citoyens est annihilée et on s'empêche de recueillir certains témoignages que l'on ne pourrait obtenir avec des hommes[322]. En effet, les victimes et leur porte-parole sont généralement des femmes et la présence de femmes au sein des OMP faciliterait les efforts visant à encourager le signalement des abus, qui est un premier pas vers leur élimination[323]. Comme le mentionne le Colonel Sharma: *« Sometimes the women here are ashamed to tell a soldier, especially a male soldier, that they've been rape. And we don't have any female soldier »*[324]. De plus, il n'y a jusqu'à

---

[320] *Nouvel horizon, supra* note 31 à la p 27.
[321] Julia Bleckner, « From Rhetoric to Reality: A Pragmatic Analysis of the Integration of Women into UN Peacekeeping Operations » (2013) 17 J Intl Peacekeeping 337 à la p 341 [*Bleckner*].
[322] *Ibid* à la p 358.
[323] *Rapport Zeid, supra* note 149 à la p 22.
[324] *Bleckner, supra* note 321 à la p 345.

maintenant aucune preuve de violence sexuelle commise par une femme casque bleu[325].

Par contre, on ne peut simplement se contenter d'ajouter quelques femmes dans les unités afin d'arrêter les allégations de violence sexuelle. Il y aurait une tendance chez les unités constituées uniquement de femmes à détenir un plus grand sens des responsabilités à l'égard des allégations d'inconduite sexuelle que chez les unités mixtes[326]. À l'inverse, être en minorité peut empêcher d'avoir de l'influence sur leurs collègues masculins. Selon Julia Bleckner, il faudrait augmenter le ratio de femmes dans les unités à un nombre situé entre 15 et 30% afin qu'elles soient en mesure d'affecter la culture du groupe[327].

Toutefois, certains auteurs contestent l'argument qu'augmenter le ratio mènera inévitablement à une diminution du nombre d'infractions sexuelles. Par exemple, l'Afrique du Sud détient la plus grande proportion de femmes parmi ses soldats envoyés lors des missions de l'ONU, soit près de 15 %. Cela n'a pas empêché ce pays de détenir par le passé un grand nombre d'allégations à l'encontre de ses troupes[328]. On ne peut ainsi déplacer le fardeau des crimes sexuels sur les épaules d'une minorité, car cela n'a qu'un effet limité envers les causes fondamentales du problème[329]. Il faudrait donc au final que l'intégration des femmes ne soit qu'une composante d'une stratégie beaucoup plus grande en matière de genre[330]. Il serait également intéressant d'explorer l'avenue de l'interopérabilité entre les différents contingents nationaux afin de vérifier si cette dernière contribuerait à la diminution du nombre d'allégations à l'aide de pays avec de meilleurs résultats en termes d'égalité des genres. Cela pourrait avoir également un effet indirect sur l'efficacité globale des missions. Toutefois, il peut être difficile de concilier des membres de contingents nationaux avec des

---

[325] *Bleckner, supra* note 321 à la p 347.
[326] *Ibid* à la p 352.
[327] *Ibid* à la p 356.
[328] *Karim et Beardsley, supra* note 200 à la p 112.
[329] *Ibid* à la p 113.
[330] *Bleckner, supra* note 321 à la p 360.

différences de langue, de culture, de coutume et d'expérience, et comme noté dans le rapport Brahimi, certaines unités ne disposent même d'aucun membre parlant la langue de l'opération, et même dans le cas où la langue ne pose pas problème, les différents contingents risquent d'avoir des modes de fonctionnement différents et des interprétations différentes des notions entourant le fonctionnement d'une mission[331].

Une autre solution qui s'avérerait complémentaire pourrait être l'exercice partagé de juridiction entre les pays contributeurs de troupes et le pays hôte de la mission. Ainsi, si l'État hôte a la volonté et les institutions pour accuser les casques bleus fautifs, cela permettrait à cet État de prendre en charge le dossier et de mener les accusations jusqu'au bout sur son territoire, ce qui représenterait des avantages au niveau de l'enquête, de la récolte des éléments de preuve et de la proximité des témoins et des victimes. En outre, le pays de nationalité pourrait fournir le lieu d'emprisonnement[332]. Autrement, si les institutions juridiques sont défaillantes chez l'État hôte, comme dans le cas de la Centrafrique où le système judiciaire centrafricain a été mis à terre il y a quatre ans et peine à se relever[333], une solution alternative entre la dernière et la création d'une juridiction internationale pourrait être la création de tribunaux hybrides qui demanderait le consentement de l'État hôte[334]. Cela apporterait les avantages précédemment mentionnés, en plus d'apporter le financement et l'aide internationale au pays hôte. De plus, c'est dans le cadre d'une juridiction hybride, au Sierra Leone[335], que l'on avait accordé une protection spéciale du droit international envers les casques bleus. La logique voudrait que les protections viennent avec des devoirs, et donc, cela militerait en faveur d'un régime particulier pour les infractions graves commises par des casques bleus.

---

[331] *Rapport Brahimi, supra* note 17 à la p 21.
[332] *UN Women, supra* note 20 à la p 149.
[333] « Où en est le projet de Cour pénale spéciale en Centrafrique? », *RFI* (12 janvier 2017), en ligne : <www.rfi.fr/afrique/20170112-est-le-projet-cour-penale-speciale-centrafrique> [*RFI 2*].
[334] *UN Women, supra* note 20 à la p 149; *Ferstman, supra* note 292 à la p 7.
[335] *Affaire du RUF, supra* note 280.

Dans le même ordre d'idées, les États peuvent également réunir des tribunaux militaires sur le territoire de l'État hôte, une solution fortement encouragée par le Comité spécial des opérations de maintien de la paix[336]. On peut penser à l'exemple de la « Cour militaire mobile » qui était chargée de juger des crimes commis par des membres néerlandais de la FINUL au Liban en juillet 1979[337]. Toutefois, tel que mentionné précédemment, les États sont sensibles à la publicité qui entourent de tels procès et certains ont une législation qui n'autorise pas la tenue de cours martiales sur place. Les auteurs du rapport Zeid encouragent par contre les pays contributeurs de troupes à réformer leur législation si tel est le cas[338].

Au niveau des enquêtes, le rapport Zeid spécifie qu'il n'y a aucune raison de mener des enquêtes doubles pour établir des faits. Ce rapport recommande la mise en place de corps d'enquêteurs professionnels indépendants de la structure de commandement du DOMP. Ces derniers devraient avoir accès à des méthodes scientifiques modernes d'identification comme le relevé d'empreintes digitales et les analyses de fibres et sanguines[339]. De plus, il serait crucial que le pays de nationalité du casque bleu visé participe à l'enquête, afin que les éléments de preuve soient réunis conformément à sa législation pour d'éventuelles poursuites. De plus, cela éviterait tout dédoublement d'enquête et permettrait au processus d'être transparent. L'État pourrait ainsi mettre à la disposition du corps d'enquêteurs un procureur militaire, lequel connaît bien le droit militaire de l'État[340].

Une autre avenue serait qu'un prélèvement ADN soit effectué sur chaque casque bleu afin d'établir la responsabilité individuelle des soldats fautifs[341] et notamment de retracer les pères des enfants nés de relations avec les femmes

---

[336] *Comité spécial, supra* note 52 à la p 14, par 78.
[337] *Zašova, supra* note 36 à la p 305.
[338] *Rapport Zeid, supra* note 149 à la p 6.
[339] *Ibid* à la p 18.
[340] *Rapport Zeid, supra* note 149 à la p 19.
[341] *Harrington 2008, supra* note 313 à la p 37.

locales, afin qu'ils assument au moins une partie de la responsabilité pécunière de leurs actes. D'autres mesures comme le mentionne le rapport Zeid peuvent être imposées au sein des missions, comme un couvre-feu et veiller à ce que les civils n'aient pas accès aux camps militaires. L'ONU pourrait aussi établir des sites de loisirs afin de permettre aux membres des missions de se reposer et de récupérer pendant leur affectation[342].

Pour terminer, nous croyons qu'il est essentiel de se concentrer également sur les mesures de prévention. Parmi celles-ci, une solution à court terme envisageable serait d'imposer des formations pré-déploiement sur la prévention de la violence sexuelle à tous tel que préconisé dans le rapport Zeid[343]. De plus, comme exprimé dans le rapport Brahimi, le personnel de l'ONU doit faire « *un effort particulier pour signaler dès l'abord leur respect en se familiarisant avec le milieu qui les accueille et en s'initiant dans toute la mesure possible à la culture et à la langue locales. Leur comportement doit être inspiré par l'idée qu'ils sont des hôtes sur la terre d'autrui, aussi désolée soit-elle* »[344].

Malgré les nombreuses allégations concernant des violences sexuelles envers des casques bleus et le rapport cinglant de la juge retraitée Deschamps à l'égard de l'ONU, cette dernière a tout de même tenté d'améliorer la situation dans les dernières années. En effet, depuis 2007, cette dernière a institué la *Conduct and Discipline Unit* et a commencé à recueillir les données sur les allégations de violence sexuelle et le déroulement des enquêtes[345], tel qu'il était recommandé dans le rapport Zeid[346]. Elle a également fait preuve de transparence en la matière et a commencé à mettre en ligne depuis 2015 toutes ses données[347]. Elle a aussi émis des mises à jour[348] et commandé des rapports sur la situation[349].

---

[342] *Rapport Zeid, supra* note 149 aux pp 23 et 24.
[343] *Harrington 2008, supra* note 313 à la p 21.
[344] *Rapport Brahimi, supra* note 17 à la p 54.
[345] *Karim et Beardsley, supra* note 200 aux pp 101 et 102.
[346] *Rapport Zeid, supra* note 149 à la p 6.
[347] *Statistics, supra* note 195.
[348] *Update, supra* note 268.
[349] *OIOS, supra* note 271; *HIPPO, supra* note 32.

De plus, une nouvelle circulaire du Secrétaire général protège les personnes qui signalent des manquements contre les représailles et qui collaborent à des audits ou à des enquêtes dûment autorisés[350], ce qui répond à un des problèmes soulevés dans le rapport Zeid, où l'on rapportait le sentiment au sein de la MONUC que ceux qui oserait dénoncer les abus ne seraient pas protégés[351].

L'ONU tente également d'axer sa stratégie également sur les victimes. Récemment, l'ONU a mis sur pied un fonds spécial établi pour les victimes d'agressions sexuelles commises par des casques bleus. Malheureusement, le fonds ne compte actuellement qu'une somme de 436 000$ venant de cinq pays, soit le Bhoutan, la Chypre, l'Inde, le Japon et la Norvège[352]. Une manière de renflouer les coffres d'un tel fonds pourrait être d'ajouter dans le mémorandum d'accord entre l'État fournisseur de contingents et l'ONU une clause autorisant l'ONU à retenir sur les paiements à l'État fournisseur l'indemnité d'un soldat reconnu coupable d'exploitation ou d'abus sexuel et de verser cette somme dans le fonds[353].

Pour le moment, comme nous l'avons vu, en ce qui concerne les militaires, ceux-ci demeurent sous la juridiction du pays qui les envoie, et donc l'ONU ne peut rien faire sinon d'exiger le retrait des troupes. De ce que nous avons pu observer, certains pays respectent leurs obligations et poursuivent leurs soldats fautifs, notamment les pays occidentaux. Toutefois, certains pays récalcitrants, qui font partie des « pays du Sud », font les manchettes sans sembler vouloir régler le problème, allant même jusqu'à tenter d'étouffer les affaires. Une

---

[350] Secrétariat des Nations Unies, *Circulaire du Secrétaire général sur la protection contre les représailles des personnes qui signalent des manquements et qui collaborent à des audits ou à des enquêtes dûment autorisés*, Doc NU ST/SGB/2017/2 (20 janvier 2017).
[351] *Rapport Zeid, supra* note 149 à la p 12.
[352] Lee Berthiaume, « Casques bleus : le Canada veut aider les victimes d'agression », *La Presse* (24 mai 2017), en ligne : <www.lapresse.ca/actualites/politique/politique-canadienne/201705/24/01-5101030-casques-bleus-le-canada-veut-aider-les-victimes-dagressions.php>.
[353] *Rapport Zeid, supra* note 149 à la p 35.

analyse du problème nous a mené à considérer que les institutions actuelles ne sont pas adéquates lorsque les États refusent de poursuivre leurs soldats.

Nous avons vu à travers ce chapitre que la Cour pénale internationale ne constitue pas nécessairement le forum adéquat pour juger des violences sexuelles commises par les casques bleus. Toutefois, plusieurs solutions peuvent être mises de l'avant afin d'endiguer le problème des violences sexuelles commises par les casques bleus. Parmi celles-ci, notre position serait en faveur de la création de tribunaux hybrides plutôt que d'une cour internationale. En effet, tel que mentionné précédemment, cela permettrait de prendre en charge le dossier et de mener les accusations sur le territoire où s'est déroulée l'infraction, ce qui présenterait des avantages au niveau de l'enquête, de la récolte des éléments de preuve et de la proximité des témoins et des victimes. Il est de mise que la communauté internationale devra fournir du soutien technique et financier[354] dans les cas comme en Centrafrique où les institutions se sont effondrées.

De plus, d'autres tribunaux et chambres hybrides ont fait leurs preuves. Nous pouvons penser au Tribunal spécial pour la Sierra Leone, aux Chambres extraordinaires au sein des tribunaux cambodgiens, à la Chambre pour les crimes de guerre en Bosnie-Herzégovine, ainsi qu'aux Chambres extraordinaires du Sénégal[355]. Dans le cas de la Centrafrique, une Cour pénale spéciale sera bientôt opérationnelle, le budget étant bouclé pour les quatorze premiers mois de fonctionnement et le processus de recrutement des magistrats centrafricains étant terminé[356]. L'auteure Mattioli-Zeltner, du Programme Justice Internationale, écrit ceci :

« Il s'agit néanmoins ici de la toute première fois que des autorités nationales créent souverainement une cour hybride chargée de

---

[354] *Ferstman, supra* note 292 à la p 7.
[355] Géraldine Mattioli-Zeltner, *Un nouveau niveau de justice : La Cour pénale spéciale en République centrafricaine*, en ligne : Human Rights Watch <www.hrw.org/fr/news/2015/07/13/un-nouveau-niveau-de-justice-la-cour-penale-speciale-en-republique-centrafricaine> [*Mattioli-Zeltner*].
[356] *RFI 2, supra* note 333.

connaître des crimes internationaux graves perpétrés dans leur propre pays et amenée à travailler en collaboration avec la CPI. La Cour pénale spéciale est une juridiction temporaire intégrée au sein du système judiciaire national centrafricain, d'une durée d'existence de cinq ans renouvelable. Elle dispose de sa propre police judiciaire, de son propre parquet, ainsi que de tous les degrés de juridiction jusqu'à la chambre d'appel. Elle appliquera le droit et la procédure pénale du pays. »[357] (notre soulignement)

Il serait souhaitable à notre sens qu'une telle cour puisse jouer un rôle dans la situation que nous avons abordée, de plus que ce type de cour crée un précédent intéressant en lui-même en jugeant des crimes internationaux perpétrés dans le même pays, le tout en collaboration avec la CPI. Cela permettrait d'améliorer considérablement l'accès des victimes des casques bleus à la justice en République centrafricaine et de stopper l'impunité qui y règne. Il serait donc bien avenu d'attribuer ce mandat à la nouvelle cour.

---

[357] *Mattioli-Zeltner, supra* note 355.

CHAPITRE II – LES MANDATS ET LES DÉLAIS PRÉ-DEPLOIEMENT

Dans ce chapitre, nous exposerons que la pratique récente des OMP est de plus en plus ancrée au chapitre VII de la Charte et que le mandat humanitaire y est désormais inclus, la protection des populations civiles étant de plus en plus incluse au sein des résolutions créant les OMP. Nous aborderons également certaines notions au cœur du rapport Brahimi, soit que les mandats doivent être clairs, crédibles et réalisables et que l'ONU doit s'assurer d'un déploiement d'OMP en temps opportun.

Section I – Mise en contexte

La *Convention pour la prévention et la répression du crime de génocide* de 1948 stipule à son premier article que « *le génocide, qu'il soit commis en temps de paix ou en temps de guerre, est un crime du droit des gens,* [que les parties contractantes] *s'engagent à prévenir et à punir »*[358] (notre soulignement). Toutefois, l'histoire moderne nous apprend que malgré qu'il y ait 147 États parties à cette convention[359], cela n'a pu empêcher plusieurs massacres, notamment dans les années 90. Nous pouvons penser aux cas de la Birmanie, de la Somalie, du Rwanda et de l'ex-Yougoslavie, dont l'ampleur de ces tragédies se répercute encore de nos jours. Malheureusement, ni les États, qui s'étaient engagés à prévenir le génocide, ni l'Organisation des Nations Unies, dont le but est de maintenir la paix et la sécurité internationales[360], n'ont su répondre adéquatement à ces crises. De tels dénouements affectent non seulement la réputation de l'ONU en tant qu'organisation internationale dévouée à la paix, mais peuvent également

---

[358] *Convention pour la prévention et la répression du crime de génocide*, 9 décembre 1948, 78 R.T.N.U. 277 (entrée en vigueur : 12 janvier 1951), art. 1.

[359] *Traités, États parties et Commentaires - Convention pour la prévention et la répression du crime de génocide, 9 décembre 1948*, en ligne : Comité international de la Croix-Rouge <ihl-databases.icrc.org/applic/ihl/dih.nsf/Treaty.xsp?action=openDocument&documentId=CE17A54F9D5F0E4AC12563F70056D774>.

[360] *Charte, supra* note 21, art. 1 (1).

nuire au bon fonctionnement des opérations de maintien de la paix en ayant un effet dévastateur sur la légitimité et la crédibilité des missions telles que perçue par les communautés locales et internationale. Nous allons maintenant analyser les problèmes opérationnels des OMP et voir ce qu'il reste à faire afin d'éviter que de tels tragédies ne se répètent.

Section II – Les problèmes opérationnels des OMP

Les incertitudes dans les mandats

Tel que nous l'avons vu dans la partie I de ce livre, la notion que les mandats des OMP doivent être clairs, crédibles et réalisables est au cœur du rapport Brahimi et a été mentionné également dans les rapports subséquents. Comme le mentionnent les auteurs Powles et Partow, deux raisons expliquent l'emphase qui est mise sur cette notion[361]. Premièrement, un mandat clair indique un consensus autour des objectifs au plus haut niveau politique, soit au Conseil de sécurité et entre les parties concernées par le conflit. Ainsi, lorsqu'il y a unité au sein du Conseil de sécurité, il n'y a nul besoin d'utiliser des termes vagues qui semblent être le résultat de compromis. Un langage flou ou imprécis qui laisse planer plusieurs interprétations peut aider à faire adopter une résolution, mais fournit une piètre base à toute planification et intervention militaire. Deuxièmement, un mandat clair permet une unité au sein de l'OMP, où les différentes unités partagent une même vision des objectifs à accomplir, ce qui facilite la coordination et la coopération. Toutefois, cette notion ne peut être prise indépendamment du contexte politique. Par exemple, alors que les accords d'Arusha étaient plus clairs et plus détaillés que ceux de Chapultepec au Salvador, les premiers n'eurent pas de suite, car ils étaient déconnectés de la réalité du terrain, alors que les accords de Chapultepec permirent par leur ambigüité à l'ONUSAL de s'adapter aux circonstances changeantes sur le terrain. À l'inverse, au Cambodge, les accords de Paris étaient assez vagues pour laisser la méfiance s'installer entre les parties[362].

La notion d'un mandat clair et réalisable est ainsi très difficile à cerner. L'auteur van der Lijn vient cependant à la constatation que « *half-hearted or*

---

[361] Anna Powles et Negar Partow, *United Nations Peacekeeping Challenge: The Importance of the Integrated Approach*, New York, Routledge, 2016 aux pp 21 et 22.
[362] Jaïr van der Lijn, «If Only There Were a Blueprint! Factors for Success and Failure of UN Peace-Building Operations» (2009) 13:1 J Intl Peacekeeping 45 à la p 66 [*Lijn*].

compromise mandates are inherently dangerous »[363]. Selon lui, si le Conseil de sécurité ne s'entend pas sur la portée du mandat ou s'ils n'acceptent qu'à contrecœur, cela peut mener à l'implantation d'un mandat inadéquat ou à des moyens inadéquats. Ce fût effectivement le cas au Rwanda et au Cambodge, mais moins dans le cas du Salvador. Par exemple, au Rwanda, certaines puissances occidentales n'étaient pas favorables à une intervention. Dès le lendemain de l'assassinat du président, dix casques bleus belges ont été tués. Il n'en fallait pas plus pour que la Belgique retire ses troupes, handicapant grandement la mission[364]. En effet, les puissances occidentales ont exprimé leur refus de perdre des soldats dans ce qu'elles considéraient comme des problèmes politiques et ethniques[365]. Plus de 19 pays qui avaient réservé 31 000 soldats ont finalement refusé de les mettre sous les ordres de l'ONU en temps requis[366] et les pays africains qui ont contribué se sont retrouvés sans les ressources et l'équipement nécessaire[367]. Après avoir promis de contribuer matériellement, les États-Unis ont usé de mesures dilatoires pour retarder le transport du matériel[368] et ont laissé les véhicules blindés en attente en Allemagne. Après avoir laissé planer des doutes à savoir s'ils allaient les prêter à titre grâcieux ou non, ils se sont mis à négocier des termes de locations. Après un exercice interminable face au financement du projet, les véhicules ont été envoyés et sont arrivés sans mitrailleuses, radios, outils et manuels d'utilisation. Pour reprendre les mots du général Dallaire, les États-Unis livrèrent tout simplement des tonnes de métal rouillé[369]. Du côté des Britanniques, ils offrirent des camions Bedford datant du début de la guerre froide. Après avoir voulu facturer la location, ils annulèrent leur demande de paiement.

---

[363] *Lijn, supra* note 362.

[364] Joshua S. Goldstein, *Winning the War on War: The Decline of Armed Conflict Worldwide*, New York, Penguin, 2011 à la p 82 [*Winning the War on War*].

[365] Jocelyn Coulon, « La politique de défense et le maintien de la paix: le Canada peut-il faire plus? Et Comment? » (1998-1999) 54 Int'l J. 106 à la p 117 [*Coulon*].

[366] Patrick A. McCarthy, « Building a reliable rapid-reaction capability for the United Nations » (2000) 7:2 Intl Peacekeeping 139 à la p 140.

[367] Stephen P. Kinloch, « Utopian or Pragmatic? A UN Permanent Military Volunteer Force » (1995-1996) 3 Int'l Peacekeeping 166 à la p 169.

[368] Roméo Dallaire, *J'ai serré la main du diable*, Outremont, Éditions Libre Expression, 2003, à la p 473 [*Dallaire*].

[369] *Ibid* à la p 473.

Toutefois, les véhicules tombèrent tour à tour en panne jusqu'à ce qu'il n'en reste plus un seul en service[370]. Finalement, le Conseil de sécurité a voté pour diminuer la taille de la mission, réduisant la taille de celle-ci de 2500 troupes à 270[371], ce qui démontre les inquiétudes qu'avaient les États membres envers leurs troupes respectives.

La situation est-elle différente de nos jours? Récemment, le nouveau Secrétaire général, António Guterres, a admis que les OMP sont « aux abois » et « dépassées »[372]. Ce dernier a demandé que les opérations de maintien de la paix soient dotées de « mandats clairs, réalistes et actualisés », assortis de mécanismes de financement durables et qu'une stratégie globale prenant en compte toutes les dimensions de la paix « *de la prévention, du règlement des conflits, du maintien de la paix, de sa consolidation ou du développement à long terme* » soit instaurée, ce à quoi nous pouvons ajouter également le désengagement des OMP. La mission de l'ONU en Côte d'Ivoire (ONUCI) représente un succès en ce sens. L'ONU a choisi un bon moment pour son retrait, alors que la plupart des indicateurs de développement sont en amélioration constante, et a créé six comités dans les domaines qui continueront de poser des difficultés après son retrait de juin 2017[373]. Afin de s'assurer que ce succès ne soit pas l'exception, il serait temps d'instaurer ce que le rapport Brahimi préconisait, soit le renforcement des moyens dont dispose le Siège pour planifier et appuyer les opérations de paix, dont la création d'équipes spécialement intégrées pour la planification des missions[374]. Cela rejoint également la proposition du Groupe de haut niveau, lequel encourageait des mandats en deux temps, afin que les missions soient efficaces et adaptées à la situation, et garantissant la présence de l'ONU sur le terrain alors

---

[370] *Dallaire, supra* note 368 à la p 474.

[371] Conseil de sécurité, *Report of the Independent Inquiry into the Actions of the United Nations During the 1994 Genocide in Rwanda*, 16 décembre 1999, Doc NU S/1999/1257 (1999) à la p 69.

[372] *Le Secrétaire général de l'ONU s'engage devant le Conseil de sécurité à améliorer des opérations de maintien de la paix « aux abois »*, en ligne : Nations Unies <www.un.org/press/fr/2017/cs12781.doc.htm>.

[373] Conseil de sécurité, *Rapport final du Secrétaire général sur l'Opération des Nations Unies en Côte d'Ivoire*, 31 janvier 2017, Doc NU S/2017/89.

[374] *Rapport Brahimi, supra* note 17 aux pp 40 à 44.

que le Secrétariat élabore des évaluations détaillées avec ses partenaires de la situation sur le terrain[375].

Sur une note positive, comme nous l'avons vu précédemment, la pratique récente des OMP montre qu'elles sont de plus en plus ancrées au chapitre VII de la Charte et que le mandat humanitaire y est désormais inclus. En effet, selon notre analyse, sur les 15 OMP[376] créées depuis la sortie du rapport Brahimi le 21 août 2000, 13 sont créées en vertu du Chapitre VII de la Charte[377], et parmi celles-ci, 12 incluaient la protection des populations civiles dans leur mandat[378], avec des termes s'apparentant à « *to protect civilians under imminent threat of physical violence* », comme nous pouvons le voir dans la résolution portant sur la création de l'OMP au Libéria[379]. Il est important pour l'ONU de continuer dans cette voie afin d'éviter de répéter les erreurs commises dans le passé, par exemple en Bosnie en 1995 alors que plus de 8 000 musulmans qui avait trouvé refuge dans une zone

---

[375] *HIPPO, supra* note 32 aux pp 69 et 70.

[376] Dans l'ordre chronologique: Conseil de sécurité, *Resolution 1410 about the Establishment of United Nations Mission of Support in East Timor (UNMISET)*, 17 mai 2002, Doc NU S/RES/1410 (2002), Conseil de sécurité, *Résolution 1509 du Conseil de sécurité sur la création de la Mission des Nations Unies au Libéria (MINUL)*, 19 septembre 2003, Doc NU S/RES/1509 (2003) [*Résolution 1509 sur le Libéria*], Conseil de sécurité, *Resolution 1528 about the Establishment of United Nations Operation in Côte d'Ivoire (UNOCI)*, 27 février 2004, Doc NU S/RES/1528 (2004); *Résolution 1542, supra* note 117; Conseil de sécurité, *Resolution 1545 about the Establishment of United Nations Operation in Burundi (ONUB)*, 21 mai 2004, Doc NU S/RES/1545 (2004); Conseil de sécurité, *Resolution 1590 about the Establishement of United Nations Mission in the Sudan (UNMIS)*, 24 mars 2005, Doc NU S/RES/1590 (2005); Conseil de sécurité, *Resolution 1704 about the Establishment of United Nations Integrated Mission in Timor-Leste (UNMIT)*, 25 août 2006, Doc NU S/RES/1704 (2006); Conseil de sécurité, *Resolution 1769 about the Establishement of African Union-United Nations Hybrid Operation in Darfur (UNAMID)*, 31 juillet 2007, Doc NU S/RES/1769 (2007); Conseil de sécurité, *Resolution 1778 about the Establishment of United Nations Mission in the Central African Republic and Chad (MINURCAT)*, 25 septembre 2007, Doc NU S/RES/1778 (2007); Conseil de sécurité, *Resolution 1925 about the Establishment of United Nations Organization Stabilization Mission in the Democratic Republic of the Congo (MONUSCO)*, 28 mai 2010, Doc NU S/RES/1925 (2010); Conseil de sécurité, *Resolution 1990 about the Establishement of United Nations Organization Interim Security Force for Abyei (UNISFA)*, 27 juin 2011, Doc NU S/RES/1990 (2011); Conseil de sécurité, *Resolution 1996 about the Establishement of United Nations Mission in the Republic of South Sudan (UNMISS)*, 8 juillet 2011, Doc NU S/RES/1996 (2011); Conseil de sécurité, *Resolution 2043 about the Establishment of United Nations Supervision Mission in Syria (UNSMIS)*, 21 avril 2012, Doc NU S/RES/2043 (2012); Conseil de sécurité, *Resolution 2100 about the Establishment of United Nations Multidimensional Integrated Stabilization Mission in Mali (MINUSMA)*, 25 avril 2013, Doc NU S/RES/2100 (2013); *Résolution 2149 sur la Centrafrique, supra* note 118.

[377] Seules l'UNMIT au Timor-Leste et l'UNSMIS en Syrie ne l'étaient pas.

[378] L'UNMISET au Timor oriental, malgré qu'elle ait été créée en vertu du chapitre VII, n'incluait pas de manière explicite le mandat de protéger les populations civiles.

[379] *Résolution 1509 sur le Libéria, supra* note 392 à la p 4.

de sécurité des Nations Unies ont subi un nettoyage ethnique par les forces serbes et ce, sous le regard des casques bleus. De plus, cette approche est cohérente avec un rapport du Secrétaire général de 1999 sur la protection des civils en période de conflits armés où l'on recommande au Conseil de sécurité d'inclure des mandats humanitaires dans ses résolutions dès l'ouverture d'un conflit[380]. En outre, depuis ce temps, la doctrine de la responsabilité de protéger a été adoptée par les États membres lors d'un sommet mondial en 2005, où l'on a déclaré que chaque État a la responsabilité de protéger sa population contre le génocide, les crimes de guerres, le nettoyage ethnique et les crimes contre l'humanité, et de prendre une action rapide et décisive lorsqu'un gouvernement échoue à respecter ses engagements[381].

Dans le même ordre d'idée, il faudrait que l'ONU s'assure d'un déploiement en temps opportun. Il existe pour le moment une tendance à focaliser sur les conflits lorsqu'ils atteignent le stade de crise ou de guerre, notamment à cause de la nature *ad hoc* des OMP[382]. Ceci cause des problèmes à deux niveaux selon le Conflict Prevention Network :

> « First, at a stage of high intensity the 'policy tools' to positively influence the course of a conflict are limited. Second, since at such a late stage only little time exists to analyse the causes of conflict, there is a tendency to react to events, rather than to follow a proactive policy. »[383]

Il serait donc temps que l'ONU change son approche face aux conflits, notamment en réduisant les délais avant d'intervenir.

---

[380] Conseil de sécurité, *Rapport du Secrétaire général au Conseil de sécurité sur la protection des civils en période de conflit armé*, 8 septembre 1999, Doc NU S/1999/957 (1999) à la p 26.
[381] Assemblée générale des Nations Unies, *2005 World Summit Outcome*, 24 octobre 2005, Doc NU A/RES/60/1 (2005) à la p 30.
[382] Laurence I. Rothstein, « Protecting the New World Order: It Is Time to Create a United Nations Army » (1993) 14 N.Y.L. Sch. J. Int'l & Comp. L. 107 à la p 109 [*Rothstein*].
[383] *Lijn, supra* note 362 à la p 54.

Les délais pré-intervention et entre l'adoption d'une résolution et sa mise en œuvre

Un déploiement rapide est ainsi essentiel. En effet, le rapport Brahimi spécifie que les 6 à 12 semaines qui suivent un accord de cessez-le-feu ou de paix constituent souvent la période la plus critique pour l'instauration d'une paix stable et la crédibilité d'une opération de maintien de la paix et que toute perte de crédibilité ou d'élan politique au cours de cette période sera souvent très difficile à rattraper[384]. Par exemple, l'ONU a selon nous raté une occasion d'intervenir rapidement au Burundi. Ce pays subit des violences, incluant des massacres, de la torture et d'autres violations des droits de l'homme depuis que le président Pierre Nkurunziza a lancé une élection controversée pour prolonger son mandat en avril 2015. En septembre 2016, les experts de l'Enquête indépendante des Nations Unies sur le Burundi (EINUB) ont remis leur rapport final dans lequel ils indiquent que « *l'EINUB a trouvé d'abondantes preuves de graves violations ainsi que d'abus des droits de l'homme par le Gouvernement et des personnes dont l'action peut être attribuée au Gouvernement* »[385]. Le groupe d'experts a recommandé une série de mesures robustes, notamment l'invocation du Chapitre VII, incluant la protection des civils, si les violations continuent et si le gouvernement continue à ne pas se conformer à la résolution du Conseil de sécurité autorisant le déploiement d'une force de police de l'ONU[386]. Depuis, l'ONU a mis sur pied une Commission d'enquête chargée de mener une enquête sur les violations des droits de l'homme commises au Burundi depuis avril 2015. Toutefois, devant le Conseil des droits de l'homme, le Président de la Commission a déclaré que les autorités burundaises n'ont pas souhaité collaborer avec la

---

[384] *Rapport Brahimi, supra* note 17 à la p 17.
[385] Enquête indépendante des Nations Unies sur le Burundi, *Rapport de l'enquête indépendante des Nations Unies sur le Burundi (EINUB) établie conformément à la résolution S-24/1 du Conseil des droits de l'homme*, 20 septembre 2016, Doc NU A/HRC/33/37 à la p 20 [*Rapport de EINUB*].
[386] *Ibid* à la p 24.

Commission jusqu'à maintenant[387]. Ce dernier s'est dit préoccupé par la gravité et par l'ampleur des allégations de violation des droits de l'homme au Burundi. Récemment, des jeunes de la milice des Imbonerakure ont chanté de façon récurrente des slogans appelant à mettre enceinte des femmes de l'opposition ou à tuer des opposants[388].

Un autre exemple réside dans la situation au Myanmar, où des centaines de milliers de Rohingyas, une minorité ethnique musulmane, fuient la persécution dans l'État de Rakhine, à l'ouest du Myanmar, alimentant une crise migratoire historique[389]. Le 24 mars 2017, le Conseil des droits de l'homme a décidé d'envoyer d'urgence une mission d'enquête internationale indépendante afin d'établir les faits et les circonstances concernant les allégations de récentes violations des droits de l'homme par des membres de l'armée et des forces de sécurité, notamment *« la détention arbitraire, la torture et les traitements inhumains, le viol et d'autres formes de sévices sexuels, les exécutions extrajudiciaires, sommaires ou arbitraires, les disparitions forcées, les déplacements forcés [...] »*[390]. Toutefois, le Myanmar refuse d'émettre des visas à l'équipe de l'ONU enquêtant sur les abus des musulmans Rohingya[391] et empêche toutes les agences d'aide des Nations Unies de fournir des vivres, de l'eau et des médicaments vitaux à des milliers de civils[392]. Au sein des membres permanents du Conseil de sécurité, nous pouvons noter des divergences d'opinion face à cette crise, alors que les ambassadeurs à l'ONU des États-Unis, du

---

[387] *Burundi : la Commission d'enquête sur les droits de l'homme de l'ONU déplore l'absence de collaboration des autorités*, en ligne : Centre d'actualités de l'ONU <www.un.org/apps/newsFr/storyF.asp?NewsID=39120>.

[388] *Burundi : l'ONU dénonce les chants appelant au viol des femmes de l'opposition*, en ligne : Centre d'actualités de l'ONU <www.un.org/apps/newsFr/storyF.asp?NewsID=39321>.

[389] *The Rohingya Crisis*, en ligne: Council on Foreign Relations <www.cfr.org/backgrounder/rohingya-crisis>.

[390] Assemblée générale, *Résolution adoptée par le Conseil des droits de l'homme le 24 mars 2017 sur la situation des droits de l'homme au Myanmar*, 3 avril 2017, Doc NU A/HRC/RES/34/22 (2017).

[391] « Myanmar refuses visas to UN team investigating abuse of Rohingya Muslims », *The Guardian* (30 juin 2017), en ligne: <www.theguardian.com/world/2017/jun/30/myanmar-refuses-visas-un-abuse-rohingya-muslims >.

[392] « Myanmar blocks all UN aid to civilians at heart of Rohingya crisis », *The Guardian* (4 septembre 2017), en ligne: <www.theguardian.com/world/2017/sep/04/myanmar-blocks-all-un-aid-to-civilians-at-heart-of-rohingya-crisis >.

Royaume-Uni et de la France accusent le gouvernement du Myanmar des massacres perpétrés par les terroristes de l'Armée du Salut Rohingya d'Arakan (ARSA), tandis que les ambassadeurs de Chine et de Russie ont salué le gouvernement pour sa gestion de la crise sécuritaire dans le pays[393]. Si les membres permanents du Conseil de sécurité diverge autant d'opinion sur la question, il est difficile d'imaginer la mise en place d'une OMP dans un futur rapproché.

De plus, un autre problème des OMP réside dans les délais entre l'adoption des résolutions les créant et leur mise en œuvre. En effet, chaque OMP est créée de manière *ad hoc*, ce qui implique que l'on doit à chaque fois recommencer le processus de demande de troupes[394]. Cette manière de procéder est inefficace et prend du temps. En plus des troupes, il faut que le Conseil de sécurité arrive à un consensus sur le pays qui dirigera les forces et à des ententes sur l'achat d'équipement et le financement[395], ce qui peut entraver le processus d'intervention, comme nous l'avons vu dans le cas du Rwanda. Tel que mentionné dans l'approche Nouvel horizon, les cibles du rapport Brahimi, soit qu'une OMP classique puisse être déployée pleinement dans un délai de 30 jours à compter de l'adoption de la résolution par le Conseil de sécurité la créant, ou dans un délai de 90 jours dans le cas d'une opération complexe[396], sont difficiles à atteindre dû à l'échelle et la complexité des missions[397]. Toutefois, lorsque l'on remet ce nombre dans le contexte du génocide rwandais, où entre 8 000 et 10 000 rwandais étaient massacrés quotidiennement, passant de 200 000 victimes en avril jusqu'à 500 000 en mai et 800 000 en juin 1994[398], nous pouvons considérer qu'il y a urgence d'agir pour réduire les délais au strict minimum.

---

[393] « The situation in Myanmar - Security Council, 8060th session » (28 septembre 2017), en ligne: UN Web TV <webtv.un.org/search/the-situation-in-myanmar-security-council-8060th-session/5590663848001/?term=myanmar&sort=date >.
[394] *Rothstein, supra* note 382 à la p 122.
[395] *Ibid*.
[396] *Rapport Brahimi, supra* note 17 à la p 18, par 91.
[397] *Nouvel horizon, supra* note 31 à la p 18.
[398] *Dallaire, supra* note 368 aux pp 472 et 473.

L'analyse la plus récente que nous avons pu trouver dans ce domaine montre bien la problématique du déploiement des forces. Sur un échantillon de 15 missions, la moyenne du délai avant que les premières troupes soient déployées était de 46 jours[399]. Même si ce nombre semble se rapprocher de la cible, il est important de préciser qu'il ne représente que l'arrivée des premières troupes. Par exemple, dans le cas de la mission au Timor oriental de 1999, l'UNTAET, il a fallu près de trois mois pour ne déployer que 11% des forces autorisées, alors que les forces australiennes intérimaires, sous commandement national, se sont déployées dans un délai de quelques semaines. Bien que près de 47% des missions se soient déployées dans un délai de 30 jours, la quantité de troupes déployées avoisinait le 15% du nombre autorisé par le Conseil de sécurité[400] :

Tableau 4.2 – Temps de déploiement initial d'un échantillon de 15 opérations de maintien de la paix

	UN Mission	First Deployment (Troop Numbers)	Authorised Strength	%first deployment vs authorised strength	Deployment Time frame
<=1mth	Liberia (UNMIL)	3,600	15,000	24%	12 days
	Rwanda (UNAMIR)	211	2,548	8%	27 days
	Burundi (ONUB)	2,641	5,650	47%	11 days
	Angola (UNAVEM III)	418	7,610	5%	21 days
	Haiti (UNMIH)	104	6,000	2%	8 days
	Central African Republic (MINURCA)	100	1,350	7%	19 days
	Somalia (UNITAF)	1,300	37,000	4%	6 days
< =3mths	Sierra Leone (UNAMSIL)	1,356	6,000	23%	40 days
	Cote d'Ivoire (UNOCI)	800	6,240	13%	36 days
	Sudan (UNMIS)	821	11,465	7%	69 days
	East Timor (UNTAET)	1,176	10,740	11%	90 days
	Haiti (MINUSTAH)	2,127	8,880	24%	32 days
	Democratic Republic of Congo (MONUC)	111	6,000	2%	53 days
>3mths	Ethiopia and Eritrea (UNMEE)	3,432	4,300	80%	117 days
	Darfur (UNAMID)	9,000	26,000	35%	154 days

En réalité, il faut en moyenne près de 13 mois pour qu'un déploiement complet soit opéré. Sur un total de 13 missions analysées, la période la plus courte

---

[399] Kavitha Suthanthiraraj, *United Nations Peacekeeping Missions: Enhancing Capacity for Rapid and Effective Troop Deployment*, Global Action To Prevent War, 2008, en ligne: <www.globalactionpw.org/wp/wp-content/uploads/troop-deployment-paper.pdf> à la p 3 [*Suthanthiraraj*].
[400] *Ibid* à la p 8.

de déploiement complet fût trois mois. À l'inverse, certaines missions comme au Libéria (UNMIL) et en République démocratique du Congo (MONUC) ont pris respectivement 23 et 35 mois[401] :

Tableau 4.3 - Temps de déploiement complet d'un échantillon de 13 opérations de maintien de la paix

		UN Mission	Resolution/ Date	Authorised Strength	Maximum Deployment (Date and Strength)	% Maximum Deployment vs Authorised Strength	Time Period
<=1mth		Liberia (UNMIL)	Res 1509 19th Sept 2003	15,000	14,894 24th August 2005	99%	23 months
		Rwanda (UNAMIR)	Res 872 5th Oct1993	2,548	2,539 22nd Mar 1994	100%	6 months
		Burundi (ONUB)	Res 1545 21st May 2004	5,650	5,526 5th Nov 2004	98%	6.5 months
		Haiti (UNMIH)	Res 887 23rd Sept 1993	6,000 (in Res 975; Jan 1995)	6,065 30th June 1995	101%	21 months
		Central African Republic (MINURCA)	Res 1159 27th Mar 1998	1,350	1,245 15th June 1998	92%	3 months
		Somalia (UNOSOM I)	Res 775 28th Aug1992	4,269	947 28th Feb 1993	22%	6 months
		Somalia (UNITAF)	Res 794 3rd Dec 1992	37,000	24,000 U.S. troops 13,000 from other countries	100%	
< =3mths		Sierra Leone (UNAMSIL)	Res 1299 19th May 2000	13,000	12,440 Jul-00	96%	3 months
		Cote d'Ivoire (UNOCI)	Res 1528 Feb 27th 2004	6,240	5,877 20th August 2004	94%	6 months
		Sudan (UNMIS)	Res 1590 24th Mar 2005	11,465	9,880 27th august 2006	86%	17 months
		Haiti (MINUSTAH)	Res 1542 30th April 2004	8,880	7,519 31st Jan 2006	85%	21 months
		Democratic Republic of Congo (MONUC)	Res1291 24th Feb 2000	6,000	4,386 31st Jan 2003	73%	35 months
>3mths		Ethiopia and Eritrea (UNMEE)	Res1320 15th Sept 2000	4,300	4,143 1st Mar 2001	96%	6 months

De plus, même dans le cas où l'on se rapprocherait des cibles définies dans le rapport Brahimi, il reste difficile d'affirmer qu'un délai de 30 ou 90 jours pour un déploiement soit considéré comme étant rapide. Particulièrement lors de crises humanitaires, un tel délai est difficilement justifiable. En plus de l'exemple rwandais, où il a fallu près de six mois avant que la MINUAR ne soit complètement déployée, les délais furent également fatals dans le cas de la République démocratique du Congo, où suite aux violences de 1998, il a fallu plus de deux mois pour déployer 100 troupes et près de trois ans suite à la résolution

---

[401] *Suthanthiraraj, supra* note 399 à la p 10.

du Conseil de sécurité pour un déploiement complet. Pendant ce temps, plus de 3,8 millions de personnes sont mortes durant le conflit[402]. Si l'on prend en compte l'objectif du rapport Brahimi de 90 jours, et une moyenne de 31 000 morts par mois, c'est plus de 93 000 personnes qui seraient décédées avant l'arrivée des casques bleus. C'est pourquoi l'auteure Suthanthiraraj recommande un objectif de déploiement en 48 à 72 heures[403]. Nous verrons dans la section suivante des solutions afin de se rapprocher de cet objectif et ainsi sauver le plus de vies possibles lors de crises humanitaires. Toutefois, le délai de déploiement des troupes n'est pas la seule variable à considérer dans le délai total de déploiement d'une OMP. Il faut garder en tête le délai de prise de décision du Conseil de sécurité ainsi que les possibilités de blocage au sein de celui-ci, comme dans le cas de la Syrie, que nous aborderons dans la section suivante.

---

[402] *Suthanthiraraj, supra* note 399 à la p 15.
[403] *Ibid* à la p 16.

Section III – Les pistes de solutions

L'article 43 de la Charte

L'article 43 de la Charte est le mécanisme légal permettant à l'ONU d'avoir une armée en attente. Sous cet article, un État peut négocier un accord avec l'ONU pour mettre à sa disposition des troupes, lesquelles restent sous l'autorité de cet État[404]. Toutefois, dès 1956, Lester B. Pearson, alors ministre des affaires extérieures du Canada, a proposé que l'ONU entame les procédures requises pour se doter de sa propre force militaire[405]. Malheureusement, les deux solutions ont été victimes de la guerre froide et n'ont jamais eu de suite[406]. En effet, la manière dont la Charte est constituée donne un droit de véto aux cinq membres permanents du Conseil de sécurité[407] et cette procédure de vote peut bloquer l'application de certaines dispositions de la Charte, par exemple l'article 43.

Pourtant, l'article 43 apporterait en partie une réponse à la piètre efficacité des OMP en matière de crises humanitaires, en accélérant le déploiement des troupes. Plusieurs options s'offrent à nous en ce sens. Parmi celles-ci se trouve la possibilité que l'ONU détienne sa propre force. Toutefois, nous sommes d'avis qu'il faudrait amender cet article afin que les troupes ne soient plus sous l'autorité des pays qui les envoie, mais bien de l'ONU. Cela reviendrait donc à la création d'une force permanente onusienne, ce qui contribuerait grandement selon nous à augmenter l'efficacité de la Charte et des OMP. Toutefois, nous nous retrouvons face au même problème de véto du Conseil de sécurité. Il faudra donc une volonté politique de la part des membres afin que

---

[404] Alex Morrison, « The Fiction of a U.N. Standing Army » (1994) 18 SPG Fletcher F. World Aff. 83 à la p 89 [*Morrison*].

[405] Élise Leclec-Gagné et Charles Létourneau, « Une force permanente pour les Nations Unies: la paix est-elle possible sans une épée? » (2006) 78 Bull Maintien paix 1 à la p 1 [*Leclerc-Gagné et Létourneau*].

[406] Richard Lee Gaines, « On the Road to a Pax U.N.: Using the Peace Tools at Our Disposal in a Post-cold War World » (1993) 25 N.Y.U. J. Int'l L. & Pol. 543 à la p 574.

[407] *Charte, supra* note 21, art. 27.

cette solution soit mise de l'avant. Autrement, il reste des solutions alternatives tels que des accords avec les organisations régionales ou un renforcement du système actuel tel que mentionné dans le rapport Brahimi[408]. Nous allons explorer ces différentes propositions dans la prochaine sous-section.

La création d'une force permanente onusienne

Il y a plusieurs lacunes en ce qui concerne le système actuel de déploiement d'une OMP. Premièrement, les contributions de troupes dépendent de la volonté politique des États et du prêt de contingents nationaux. Selon certains auteurs, sans ces éléments de base, un déploiement rapide est tout simplement impossible[409]. Deuxièmement, certains États peuvent être dans l'impossibilité ou refuser de contribuer avec du personnel et/ou des moyens matériels et tactiques comme des armes et du transport aérien aux OMP. Par exemple, une OMP peut souffrir du manque de policiers, militaires et personnel civil et de systèmes de communications et d'ingénierie nécessaires à son opération[410]. Parfois, les raisons qui sous-tendent un retard dans un déploiement se résument à un pays ciblé qui est de peu d'importance stratégique, que ce soit géopolitique ou économique. Dans d'autres circonstances, l'État membre contributeur n'a tout simplement pas les ressources nécessaires ou ne peut pas les prêter à l'ONU. On peut se rappeler l'épisode de la mission hybride entre l'ONU et l'Union africaine au Darfour qui était en sous-effectif et avait un manque de ressources, et où ce sont les civils qui ont dû faire les frais de ce manque[411]. Ce fait est également mentionné dans le rapport Brahimi, où l'on spécifie que « *some countries have provided soldiers without rifles, or with rifles but no helmets, or with helmets but no flak jackets, or*

---

[408] *Rapport Brahimi, supra* note 17 à la p 18.
[409] *UNEPS and the R2P, supra* note 24 à la p 3; Peter H. Langille, « Preventing Genocide » dans Amanda Gryzb, dir., *The World and Darfur: International Response to Crimes against Humanity in Western Sudan, Montréal, McGill Queens University Press*, 2009 aux pp 299 et 300.
[410] *UNEPS and the R2P, supra* note 24 à la p 3
[411] Annie Herro, Wendy Lambourne et David Penklis, « Peacekeeping and Peace Enforcement in Africa: The Potential Contribution of a UN Peace Emergency Service » (2009) 18:1 African Security Review 49.

with no organic transport capability (trucks or troops carriers) »[412].
Troisièmement, toujours dans le rapport Brahimi, on mentionne que les casques
bleus manquent d'entraînement, notamment en ce qui concerne la protection des
civils[413]. On y spécifie qu'habituellement les différents contingents nationaux
n'ont jamais travaillé ensemble, et qu'outre les problèmes de langues, ils peuvent
avoir des interprétations différentes des procédures et des commandements ainsi
que des règles d'engagements, tout en ayant une approche différente en ce qui
concerne l'utilisation de la force. Donc, une armée sous un même drapeau aurait
le même entraînement, accès au même matériel et dépendrait d'une chaine de
commandement stable[414], enlevant tout problème d'interopérabilité retrouvé
actuellement dans les OMP[415]. Quatrièmement, comme nous l'avons vu dans le
chapitre précédent, la plupart des casques bleus proviennent de pays du Sud.
Toutefois, la plupart des missions sont dirigées par un État ou une organisation
régionale, avec les ressources provenant d'États occidentaux. Cela peut avoir un
impact sur la légitimité des missions et sur l'organisation en elle-même, alors que
certains pourraient soulever des interventions néo-colonialistes[416]. Certains
exemples dans le passé ont pu laisser planer des doutes, comme la mission en
Somalie où les US Rangers ont outrepassé le concept d'impartialité et se sont
engagés directement dans les combats, compromettant en même temps la sécurité
des civils, ou l'intervention de l'OTAN en 2011 en Libye qui a laissé perplexes
certains observateurs quant aux motivations politiques derrière l'intervention[417].

Il y aurait donc plusieurs avantages à créer une force permanente
onusienne. Le principal serait de réduire grandement les délais d'intervention lors
de crises humanitaires comme celle du Rwanda, grâce à une force déjà
rassemblée. En effet, comme nous l'avons vu, le général Dallaire, mais également

---

[412] *Rapport Brahimi, supra* note 17 à la p 18, par 108.
[413] *Ibid.*
[414] *Rothstein, supra* note 382 à la p 133.
[415] *Leclerc-Gagné et Létourneau, supra* note 405 à la p 3.
[416] Voir notamment à ce sujet : Rémi Bachand et Mouloud Idir, « La « responsabilité de protéger » et l'alliance entre naïfs de service et rhétoriciens de l'impérialisme » (2012) 72 Mouvements 89.
[417] *UNEPS and the R2P, supra* note 24 à la p 3.

certains auteurs[418], croient que si à l'international on avait été capable de convoquer des troupes prêtes à combattre à mesure que la tragédie au Rwanda se déroulait, l'interposition rapide des unités de maintien de la paix aurait pu sauver près de dix milliers de vies. Le général Dallaire a tenu les propos célèbres que si on lui avait envoyé 5 500 soldats, « *il aurait pu arrêter la folie qui avait cours au Rwanda* »[419]. Toutefois, il n'était pas le seul à le penser. Le commandant des troupes belges croyait qu'avec les troupes qui étaient déployées au départ, soit 2500 soldats, et celles utilisées pour évacuer les occidentaux, cela aurait suffi à arrêter les violences[420]. Même son de cloche de la part d'un officier français, qui croyait qu'avec plus de 2000 soldats « déterminés », on aurait pu arrêter les massacres dès les premiers jours[421]. Ces témoignages sont confirmés également par un rapport portant sur le génocide rwandais, lequel mentionne qu'avec une force de 5 000 soldats déployée dans les deux premières semaines des massacres, rien de tout cela ne serait arrivé[422]. Malheureusement, le refus des puissances occidentales de perdre des soldats dans ce qu'elles considéraient comme des bourbiers politiques et ethniques ont mené au résultat que l'on connaît aujourd'hui[423].

Ces témoignages nous aident à déterminer qu'à l'époque, les OMP étaient peu efficaces lorsqu'il n'y avait aucune paix à maintenir et qu'un génocide, étant habituellement déclenché rapidement, se déroulait. De ce que l'on en comprend, lorsqu'elles ont été déployées, les OMP se sont soldées par des retards et un manque de volonté de la part des gouvernements de fournir un nombre suffisant de casques bleus bien formés et équipés et de fournitures pour remplir les mandats des missions. Ce fût le cas au Rwanda, où l'efficacité de la MINUAR

---

[418] Voir notamment Paul Kennedy et Bruce Russett, « Reforming the United Nations » (1995) 74 Foreign Aff. 56 à la p 63.
[419] *Dallaire, supra* note 368 à la p 471.
[420] *Winning the War on War, supra* note 364 à la p 84.
[421] *Ibid.*
[422] Carnegie Corporation of New York, *Preventing Deadly Conflict – Final Report*, New York, Carnegie Corporation of New York, 1997 à la p 6.
[423] *Coulon, supra* note 365 à la p 117.

s'est retrouvée grandement diminuée par le peu de ressources qu'ils avaient à leur disposition et ce, dès le début du génocide.

Tel que mentionné dans un rapport du gouvernement canadien suite à ce conflit, « *as long as sovereign states retain the right to decide on the deployment of their national units, there will never be complete assurance that a UN force can meet an urgent situation on time or with sufficient capacity* »[424]. Donc, en résumé, si l'ONU pouvait avoir son propre personnel ainsi que ses propres équipements et ressources, cela permettrait de surmonter le refus de certains États de partager leurs ressources sur un conflit qui leur semble de peu d'intérêt géopolitique[425].

Des auteurs se sont aventurés dans le passé à tenter l'exercice de décrire ce que pourrait être une force permanente onusienne. Cette dernière notion implique une force armée où les soldats seraient directement recrutés, entraînés et équipés par l'ONU et seraient sous le contrôle de cette dernière. Le plan le plus développé selon nous repose dans les travaux de Carl Conetta et Charles Knight. Ces derniers proposent une force d'environ 15 000 personnes, dont 10 600 de « terrain » et 4 400 personnes en support logistique[426], ce qui permet d'avoir environ 5 000 combattants sur le terrain à la fois. En dollars de 1995, les auteurs ont déterminé qu'une telle force coûterait au départ environ 1,568 milliards de dollars, et par la suite, il en coûterait 745 millions par années afin de l'entretenir. Dans le cas où l'ensemble du personnel serait déployé, il faudrait ajouter 590 millions au nombre précédent. Ces montants peuvent sembler relativement élevés, mais mis dans le contexte global des dépenses militaires mondiales, cela ne représente qu'une fraction de ces dernières. En moyenne, les États membres de l'ONU donne à celle-ci environ 14$ par tranche de 1000$ qu'elles dépensent dans

---

[424] Gouvernement du Canada, *Towards a Rapid Reaction Capability: Report of the Government of Canada*, Ottawa, 1995 à la p 63 [*Gouvernement du Canada*].
[425] Annie Herro, « The Responsibility to Protect, the Use of Force and a Permanent United Nations Peace Service » (2015) 19:8 Intl J Human Rights 1148 à la p 1150 [*Herro*].
[426] Carl Conetta et Charles Knight, *Design for a 15,000-person UN Legion*, Cambridge, Massachusetts, Commonwealth Institute, 1995 aux pp 4 et 5.

leur propre armée[427]. De plus, si cela permet d'éviter un conflit qui autrement aurait pris de grandes proportions, et ainsi un grand budget, il y a également une économie d'argent[428], évitant ainsi d'investir des milliards de dollars en restructuration post-conflit[429].

Récemment, l'auteure Annie Herro a avancé un plan similaire, également composé de près de 18 000 personnes. Elle s'attendrait à ce qu'une telle force intervienne pour prévenir le génocide, les crimes de guerre et les crimes contre l'humanité qui ne sont pas adressés par les autres États, tel que le prône la doctrine de la responsabilité de protéger[430]. De plus, la force pourrait intervenir en cas de désastre naturel ou environnemental. Comme l'auteure Suthanthiraraj le recommandait[431], elle aussi mise sur un déploiement en 48 heures. En effet, si l'on n'a plus à consulter les autorités nationales de différents pays, l'ONU peut réduire de manière significative son temps de réponse face à une crise et le personnel peut ainsi être déployée en l'espace de quelques heures suite à une décision du Conseil de sécurité[432]. La réduction des délais contribuerait également à éviter une divergence entre le mandat politique et la réalité opérationnelle[433]. En outre, cette force rassemblerait des personnes représentant divers groupes ethniques et culturels et viserait un nombre égal d'hommes et de femmes, tout en ayant une perspective genrée tel que prônée dans la résolution 1325 de l'ONU[434].

L'auteur James Pattison considère que malgré le fait qu'une force d'environ 5 000 soldats serait un bon départ, cela ne permettrait pas de répondre à des crises humanitaires majeures[435]. L'auteur donne l'exemple de la mise en place de la zone d'exclusion aérienne au nord de l'Irak en 1991, où il a fallu près

---

[427] *Rothstein, supra* note 382 à la p 117.
[428] James Pattison, « Humanitarian Intervention and a Cosmopolitan UN Force » (2008) 4:1 J Intl Political Theory 126 aux pp 129 et 130 [*Pattison*].
[429] *UNEPS and the R2P, supra* note 24 aux pp 127 et 128.
[430] *Ibid* à la p 3.
[431] *Ibid* à la p 16.
[432] *Gouvernement du Canada, supra* note 424 à la p 62.
[433] *Vital Force, supra* note 307 à la p 74.
[434] *Résolution 1325, supra* note 61.
[435] *Pattison, supra* note 428 à la p 130.

de 20 000 soldats britanniques, français et américains. Le même raisonnement s'applique dans le cas où il y aurait plusieurs crises humanitaires en même temps, comme au début des années 90 où se déroulaient les conflits de la Somalie, du Rwanda et de l'ex-Yougoslavie[436]. Dans le cas où cette force ne serait considérée qu'une force de réaction rapide en attendant l'implantation d'une mission plus large, nous pourrions nous retrouver dans la situation où aucun État ne voudrait déployer des troupes en renfort et dès lors, l'ONU se retrouverait devant le dilemme de choisir entre quitter et laisser le conflit continuer, ou rester et ne pas avoir les moyens d'arrêter d'autres crises humanitaires s'il en survient pendant ce temps. C'est pourquoi Pattison suggère une force constituée de 75 000 personnes, allant jusqu'à 175 000 dans le cas où il faudrait effectuer des rotations, ce qui permettrait d'agir dans de grandes crises humanitaires comme au Darfour et à plusieurs endroits en même temps[437]. On peut retrouver un plan encore plus ambitieux en termes de nombre de personnes constituant une telle force dans la proposition de deux avocats américains des années 50, Grenville Clarke et Louis Sohn, lesquels visaient une fore de 600 000 personnes et plus de 1,2 millions de personnes en attente[438]. Afin de contourner les effets de la Guerre froide qui se faisaient ressentir à cette époque, les auteurs ont suggéré que la force soit sous le contrôle du DOMP, mais en laissant la possibilité à l'Assemblée générale de la déployer.

En ce qui concerne l'utilisation de la force, afin d'éliminer toute ambiguïté à ce sujet, certains mettraient en place les règles suivantes : (1) Une autorité légitime doit autoriser le déploiement; (2) il doit y avoir une juste cause; (3) l'intervention doit être entreprise avec une bonne intention; (4) l'intervention ne doit survenir qu'en cas de menace immédiate et évidente de violation du droit international humanitaire et des droits de l'homme; (5) les moyens employés

---

[436] *Pattison, supra* note 428 à la p 131.
[437] *Ibid* à la p 132.
[438] Greenville Clark et Louis Sohn, *Introduction to World Peace through World Law*, Cambridge, Harvard University Press, 1958 à la p 300.

doivent être proportionnels et en lien avec le but recherché; et (6) une chance raisonnable de succès doit exister[439].

En ce qui concerne les réticences à mettre en place une telle force, on peut dénoter trois raisons qui reviennent souvent à travers la littérature[440] : le principe de non intervention et d'intégrité territoriale, l'indépendance d'une telle force et l'idée que des interventions d'une telle force puisse créer plus de torts que de bien. Certains États rejettent l'idée d'une force permanente onusienne par crainte d'être la cible d'une intervention de l'ONU. De tels arrangements supranationaux pourraient remettre en question des principes établis tel que la souveraineté westphalienne, laquelle veut que chaque pays soit souverain sur son territoire et que les États ne doivent pas interférer dans les affaires domestiques des autres États. L'auteur Pattison répond à cette peur d'une supranationalité en mentionnant que de toute manière, *« given the current lack of democratic and effective control over a number of significant global issues, there is a need to increase the amount of (democratic) supranational governance »*[441]. Toutefois, l'histoire nous apprend en effet qu'à travers les époques, plusieurs dirigeants ont tenté de justifier leur intervention par des impératifs humanitaires, par exemple en Crimée où le président russe Vladimir Poutine a tenté de justifier son intervention en mentionnant vouloir protéger les civils[442]. Par contre, il serait surprenant que l'on modifie de manière drastique la procédure de mise en place d'une OMP tel qu'effective présentement. Le but d'une force permanente est de régler certains problèmes opérationnels tels que nous avons vu plus haut, et non pas de bafouer des principes de droit internationaux établis. Il est important également de rappeler que le principe de consentement fait partie des trois principes de bases des OMP. D'un autre côté, il est vrai que l'ONU pourrait se voir confrontée à un refus d'agir envers certains pays où ceux qui autorise le déploiement d'OMP ont

---

[439] *UNEPS and the R2P, supra* note 24 à la p 44.
[440] *Ibid* à la p 74.
[441] *Pattison, supra* note 428 à la p 130.
[442] Jean-Baptiste Jeangène Vilmer, « Crimée : les contradictions du discours russe » (2015) 1 Politique étrangère 159 à la p 161.

des intérêts. Par exemple, certains ont argumenté que la principale raison pour laquelle la Russie n'a pas soutenu la résolution autorisant l'utilisation de la force contre le régime de Bachar el-Assad en Syrie serait parce qu'elle est le principal fournisseur d'armes à la Syrie, ce qui équivaut à environ 10% des ventes totales d'armes de la Russie. Suite à des pertes significatives après l'embargo de ventes d'armes en Libye, des pertes supplémentaires aurait été dommageables pour l'économie russe[443].

Par la suite, certains soulèverons qu'il serait surprenant qu'une telle force soit indépendante si le financement provient des États. Cette pensée se rapproche des fervents du réalisme international, parmi lesquels Hans Morgenthau a déclaré qu'un des principaux éléments des relations internationales est l'intérêt national et la recherche de puissance[444]. Cette école de pensée s'oppose à celle, cosmopolite, de ceux qui prônent une force permanente, où l'on cherche plutôt à régler certains problèmes auxquels les pays sont tous confrontés, tels que la pauvreté, le génocide et la prolifération d'armes nucléaires[445]. Une des solutions serait de créer une structure alternative de financement que ne reposerait pas seulement sur la simple contribution des États afin de diminuer l'influence de ces derniers. Par exemple, l'ONU pourrait taxer le transport de passagers et/ou la vente d'armes à travers le monde ou imposer aux États de donner un pourcentage de leur budget annuel de défense nationale[446]. Les propositions précédentes auraient, de plus, l'avantage d'aider la cause du désarmement. En outre, l'ONU pourrait également recevoir le droit d'exploiter les ressources des océans ou d'imposer une taxe sur le tabac ou les taux de change[447]. Ces fonds permettraient non seulement à l'ONU d'acquérir une certaine indépendance, mais lui permettrait tout simplement de fonctionner adéquatement, considérant le budget

---

[443] *UNEPS and the R2P, supra* note 24 à la p 80.
[444] Hans Morgenthau, *Politics Among Nations: The Struggle for Power and Peace*, Brief Edition, Boston, McGraw Hill, 1993 aux pp 1 à 16.
[445] *UNEPS and the R2P, supra* note 24 à la p 78.
[446] *Herro, supra* note 425 à la p 1148.
[447] *Gouvernement du Canada, supra* note 424 à la p 63.

annuel que nous avons vu précédemment dans ce livre et les arrérages que certains pays accumulent. En effet, plusieurs pays riches ne paient pas leurs cotisations au budget des OMP à temps, ce qui représentait un montant de cotisations impayées d'environ 1,60 milliards de dollars au 31 mai 2017[448]. Tel que mentionné dans le rapport du Secrétaire général suivant le rapport Brahimi :

> « Peacekeeping is the responsibility of all Member States, first and foremost, the members of the Security Council. The performance of the United Nations in this area will not improve unless Member States, and particularly those possessing the greatest capacity and means to do so, are ready to participate with soldiers, police officers and civilian experts, to support cooperation between countries of the South and of the North, including with equipment and training, and to pay their fair share of the costs in full and on time. »[449] (notre soulignement)

Toutefois, cette idée de financement alternatif reste sujet à débat. Certains doutent que les États autoriseraient l'ONU à taxer des produits ou exploiter des ressources qu'eux-mêmes pourraient taxer ou exploiter[450]. De plus, la question du financement n'est pas la seule qui permette à l'ONU d'acquérir une indépendance complète. Par exemple, si l'on ne dote pas une force permanente de soutien aéroporté, il faudra quand même faire appel à des États contributeurs.

Finalement, certains auteurs soulèvent qu'une force permanente onusienne peut, de par sa propre existence, par précipitation ou par une utilisation inappropriée, compliquer une situation pour laquelle elle a été créée[451]. Selon Alan Kuperman, l'intervention par l'OTAN en Libye en 2011 s'est soldée par une guerre six fois plus longue et un nombre de morts sept à dix fois plus élevé, en

---

[448] Département de l'information, *Budget des Nations Unies*, en ligne : Nations Unies <www.un.org/fr/aboutun/budget> [*Budget*].
[449] Secrétariat des Nations Unies, *Report of the Secretary General on the Implementation of the Report of the Panel on United Nations Peace Operations*, 20 octobre 2000, Doc NU A/55/502 (2000) à la p 2, par 7.
[450] *Pichat, supra* note 47 à la p 210.
[451] Brian Urquhart, « United Nations Peace Forces and the Changing United Nations » (1963) 17:2 International Organization 338 à la p 351.

plus d'avoir exacerbé les violations des droits de l'homme, la prolifération d'armes dans le pays et la radicalisation islamique[452].

Comme nous l'avons vu, l'idée d'une force permanente remonte à la création même de l'ONU. Toutefois, pour toutes sortes de raisons, les États n'ont jamais eu de réelle volonté de mettre en place une telle solution[453]. Malgré cela, ce concept a déjà été soulevé par Kofi Annan, lequel a mentionné que l'idée a été discutée au sein des hautes instances onusiennes :

> « No, I think we did consider the issue of a standing army. You know, it has been around for a long time, but in the past few years we have been working very closely and constructively with Member States to develop the capability to deploy troops much more rapidly than we are able to do today [...] I think there are issues connected with a standing United Nations army. Here, the last question I was dealing with was the financial crisis and financial difficulties. It poses immediate budgetary issues. It poses legal issues; where do you station them? Under which jurisdiction do they come? So there are lots of issues connected with the establishment of a standing United Nations army that, given the situation we are in, I did not think it was appropriate to pursue. »[454]

À l'inverse, le manque de personnel qualifié et disponible rapidement a mené à l'embauche de compagnies privées. À titre d'exemple, la compagnie Defense Systems LTD (DSL) a fourni du personnel de sécurité aux Nations Unies en ex-Yougoslavie[455]. De plus, cette même compagnie a affirmé en 1997 être en position de fournir 4 000 personnes en quelques jours afin de protéger des camps de réfugié au Zaïre. À l'époque, le président de la compagnie DSL, David Ransbotham, a affirmé que les compagnies de sécurité privées seraient de plus en plus appelées à escorter des convois et protéger des camps de réfugié étant donné l'incapacité des États à contribuer des troupes auprès de l'ONU.

---

[452] Alan Kuperman, « A Model humanitarian intervention? Reassessing NATO's Libya campaign » (2013) 38:1 International Security 105.

[453] Voir *Morrison, supra* note 404 aux pp 94 et 95 pour plus de précisions.

[454] Secrétariat des Nations Unies, *Transcript of Press Conference by Secretary-general Kofi Annan At United Nations Headquarters on 16 July*, 16 juillet 1997, Doc NU SG/SM/6285 (1997) aux pp 6 et 7.

[455] *Pichat, supra* note 47 à la p 255

Depuis, les sociétés militaires privées ont pris de plus en plus de place au sein des OMP[456]. Ces sociétés sont maintenant parmi les partenaires commerciaux de l'organisation, lui fournissant des services en matière de sécurité, logistique, soutien et, dans certains cas, allant même jusqu'à fournir des fonctions opérationnelles et de planification. Toutefois, ces dernières ne sont pas prêtes à substituer une OMP : le personnel se rapportant à ces compagnies n'est pas utilisé comme soldats de la paix de première ligne, et leur embauche en tant que tel serait illégale[457]. Malgré cela, certains membres de ces sociétés se sont retrouvés dans l'action de manière indirecte. Par exemple, étant donné que la législation des États-Unis ne permet pas à la police fédérale de faire partie d'une mission internationale, ceux-ci engagent des policiers auprès des compagnies privées. Ainsi, ces policiers sont envoyés dans des opérations de paix sans que l'ONU soit tenue au courant. À titre d'exemple, avant 2004, la compagnie DynCorp International était le seul fournisseur de personnel policier au Département d'État, ce qui implique que chaque policier qui était fourni aux missions de la police civile des Nations unies (UNPOL) était en fait un employé de DynCorp[458]. Depuis, les contrats sont partagés entre diverses compagnies, comme par exemple Pacific Architects & Engineers (PAE) qui contribue du personnel policier pour les missions en Haïti et au Libéria. De plus, le rôle des sociétés militaires privées s'est élargi au sein des OMP pour inclure de l'instruction, tant dans la salle de classe que sur le terrain, allant même jusqu'à participer à la conception du matériel éducatif et à la planification de la formation[459]. Une des problématiques qui se pose est que les formateurs peuvent introduire des valeurs et des discours qui seront reproduits plus tard par le personnel qu'ils forment, lesquels ne sont pas nécessairement compatibles avec la vision de l'ONU. Par exemple, ce type de

---

[456] Åse Gilje Østensen, « In the Business of Peace: The Political Influence of Private Military and Security Companies on UN Peacekeeping » (2013) 20:1 International Peacekeeping 33 [*Østensen*].
[457] *Convention internationale contre le recrutement, l'utilisation, le financement et l'instruction des mercenaires*, 4 décembre 1989, 2163 R.T.N.U. 103 (entrée en vigueur : 20 octobre 2001).
[458] David Isenberg, « UN Use of PMSC? It's a Reality, Not a Hypothetical », *Huffington Post* (1 mars 2012), en ligne: <www.huffingtonpost.com/david-isenberg/united-nations-military-contractors_b_1180272.html>.
[459] *Østensen, supra* note 456 à la p 38.

compagnies ont une approche américaine, souvent désignée comme « *train and equip* », qui se concentre sur la formation de « *better shooters in newer equipment* », ce qui n'est pas particulièrement adaptée au futur personnel de maintien de la paix[460]. De plus, il y a un manque de transparence quant à savoir qui fournit et produit les connaissances et dans quelle mesure elles sont transférées aux opérations de l'ONU[461]. Toutefois, l'auteur Østensen affirme qu'il vaut peut-être mieux avoir recours à ces sociétés, quitte à tenter d'avoir une influence positive sur eux, plutôt que de ne pas recourir à leurs services :

> « In an ideal world, the United Nations would probably not buy PMSC services in the first place. However, in the current situation a more proficient and proactive approach to PMSCs should be beneficial not only to the United Nations but also to affected populations. The benefits potentially extend to other PMSC clients, as it would enable the United Nations to use its client leverage to set standards for PMSC performance. By becoming a responsible and smart consumer of PMSC services, the United Nations could influence the market for security in a positive way. One potential way of doing this is through endorsing the International Code of Conduct for Private Security Providers. »[462]

C'est également le constat de Oldrich Bures, lequel mentionne qu'entre un sous-effectif ou avoir recours aux sociétés militaires privées, il vaut mieux avoir recours à ces dernières. Toutefois, il est impératif que les risques liés à l'utilisation de ces sociétés soient abordés avant que des tâches reliées au maintien de la paix ne leur soient transmises. En particulier, il recommande qu'un ensemble de mécanismes clairs de responsabilisation, de contrôle et de transparence des sociétés militaires privées soit mis en place[463]. Certains auteurs, tel que Malcom Hugh Patterson, favoriseraient la privatisation du maintien de la paix. Selon ce dernier, l'histoire du maintien de la paix des Nations Unies en est un d'échecs, dont les causes sont endémiques, persistantes et peu susceptibles d'être

---

[460] *Østensen, supra* note 456 à la p 39.

[461] *Ibid* à la p 43.

[462] Åse Gilje Østensen, *UN Use of Private Military and Security Companies: Practices and Policies*, Genève, The Geneva Centre for the Democratic Control of Armed Forces, 2011 à la p 67.

[463] Oldrich Bures, « Private Military Companies: A Second Best Peacekeeping Option? » (2005) 12:4 International Peacekeeping 533 à la p 533.

corrigées[464]. L'ONU devrait donc miser davantage sur les sociétés militaires privées, qui ferait un meilleur travail que les Nations Unies ne le font actuellement, à la fois en termes d'efficacité et de coût ainsi que pour prévenir les dommages futurs[465]. Le déploiement de soldats disciplinés et professionnels dans des conditions rigoureuses pourrait ainsi selon lui apporter des améliorations aux normes actuelles de maintien de la paix. Le libellé de l'article 42 de la Charte est assez général en ce qui concerne la méthode de recrutement des forces de l'ONU et la nature de leur commandement, ce qui laisserait entendre que rien ne s'opposerait à l'embauche de contractuels pour le maintien de la paix[466]. Le déploiement du personnel se ferait en vertu d'un accord sur le statut des forces, similaire à celui conclut avec les États membres, qui inclurait par ailleurs des immunités et privilèges similaires[467].

Entre les deux solutions précédentes se trouve l'option de la régionalisation des conflits. Le maintien de la paix régional tire sa source du Chapitre VIII de la Charte, laquelle encourage les États à utiliser des organisations régionales pour résoudre leurs différends de manière pacifique[468]. De plus, il serait légal pour une organisation régionale de se déployer sans l'autorisation du Conseil de sécurité s'il n'a pas recours à la force ou s'il a le consentement de l'État hôte[469]. Autrement, toujours sous le Chapitre VIII, le Conseil de sécurité peut appeler une organisation régionale tel que l'UA ou l'OTAN à utiliser des mesures coercitives[470]. L'auteur Patrick J. Flood indique que le Conseil de sécurité pourrait même rédiger et approuver un ensemble de principes et de procédures pour une action régionale qui comprendrait une autorisation anticipée pour que certaines

---

[464] Malcolm Hugh Patterson, « A Corporate Alternative to United Nations *ad hoc* Military Deployments » (2008) 13 J. Conflict & Sec. L. 215 à la p 215.

[465] *Ibid.* Voir également à ce sujet: Malcom Hugh Patterson, *Privatising Peace: A Corporate Adjunct to United Nations Peacekeeping and Humanitarian Operations*, Basingstoke, Palgrave Macmillan, 2009.

[466] *Ibid* à la p 222.

[467] *Ibid* aux pp 225 et 226.

[468] *Charte, supra* note 21, art. 52.

[469] *UNEPS and the R2P, supra* note 24 à la p 105.

[470] *Charte, supra* note 21, art. 53.

organisations régionales pré-désignés puissent réagir face à un génocide (ou à des preuves claires et convaincantes que des meurtres de masses sont sur le point de commencer) et demander l'approbation ultérieure du Conseil pour cette action[471]. Selon lui, les articles 47 et 53 de la Charte offrent cette flexibilité si on les lit conjointement avec les articles 33, 34 et 39.

Le rôle que devrait jouer les organisations régionales a par ailleurs été mentionné dans le rapport Brahimi, lequel appelait l'ONU à « *coopérer avec les organisations régionales et sous-régionales pour régler les conflits et établir et maintenir la paix et la sécurité* » et « *fournir aux organisations régionales et sous-régionales des services de formation, du matériel, un appui logistique et d'autres ressources* »[472]. Plus récemment, tel qu'abordé dans la partie I de ce livre, les auteurs de l'approche Nouvel horizon insistaient sur l'interopérabilité avec les organisations régionales et la mise en commun des ressources, quitte à mettre en place une structure de remboursement et d'appui logistique[473].

Il y aurait effectivement plusieurs bénéfices à utiliser davantage les organisations régionales. Tout d'abord, les pays limitrophes aux zones de conflits sont plus susceptibles d'avoir de l'intérêt à régler les conflits et de légitimité dans les décisions à l'égard de ceux-ci[474], alors qu'ils peuvent être touchés par l'instabilité de leurs voisins. De plus, par leur position géographique, ces pays ont plus de chances d'entrevoir les éléments déclencheurs des conflits et de déployer rapidement des troupes et de l'équipement. Cela peut également représenter une économie d'argent, alors qu'il n'est pas nécessaire de déployer des troupes provenant d'autres continents. Ensuite, un autre avantage serait que des casques bleus de la même région auraient probablement une affinité naturelle avec les populations et les gouvernements en conflits en autant qu'ils aient une culture

---

[471] Patrick J. Flood, « A Next Rwanda? A Next Iraq? Military Intervention in the 21st Century » (2005) 11 ILSA J. Int'l & Comp. L. 379 à la p 387.
[472] *Rapport Brahimi, supra* note 17 à la p 11, par 54.
[473] *Nouvel horizon, supra* note 31 aux pp 33 et 34.
[474] *Pichat, supra* note 47 à la p 231.

commune et une origine ethnique similaire[475]. Toutefois, il est important de noter que certaines régions refusent de collaborer entre elles et que la proximité géographique n'implique pas nécessairement un consensus sur la manière de répondre à une crise[476]. En outre, il faudrait faire attention à ce que la régionalisation des OMP ne mène pas à des interventions partiales ne servant que les puissances dominantes de la région touchée[477]. Une solution serait des opérations hybrides entre les organisations régionales et l'ONU, tel que l'opération hybride de l'Union africaine et des Nations Unies au Darfour (MINUAD) en 2007. Malheureusement, cette opération a montré les limites actuelles des organisations régionales en termes d'entrainement, de capacité et de ressources. À titre d'exemple, lors de la crise au Darfour, l'UA a dû lutter pour avoir les ressources nécessaires au maintien de la mission, alors qu'à un certain moment ses troupes furent impayées pendant plusieurs mois et qu'elle manquait constamment de fournitures de base tels que de l'essence et de la nourriture[478]. Toutefois, dans les endroits où elle a été déployée, cette dernière a tout de même connu du succès. L'ONU doit donc continuer à financer et offrir les ressources nécessaires à ces organisations afin qu'elles puissent accomplir les mandats qui leurs sont attribués, tel que le recommande les rapports mentionnés plus haut. Toutefois, il est important de faire attention que le renforcement des organisations régionales ne devienne pas un prétexte pour la communauté internationale de se détourner des crises qui frappent ces régions et de ses obligations en vertu du droit international. On peut se rappeler que les États ont été hésitants à user de mesures coercitives envers le Soudan, en dépit d'un certain nombre d'États (comme les États-Unis) qui condamnaient les massacres, les qualifiant de « génocide » et qui étaient donc légalement obligés d'intervenir en vertu de la *Convention pour la prévention et la répression du crime de génocide*[479].

---

[475] *UNEPS and the R2P, supra* note 24 à la p 101.
[476] *Ibid* à la p 103.
[477] *Devin et Smouts, supra* note 6 à la p 181; *Suthanthiraraj, supra* note 399 à la p 20.
[478] *Pattison, supra* note 428 à la p 128.
[479] *Ibid*; *Convention sur le génocide, supra* note 39, art 1.

118

CHAPITRE III – LA NOTION DE RESPONSABILITÉ LORS DE DOMMAGES CAUSÉS À DES POPULATIONS CIVILES

Dans ce chapitre, nous allons aborder la notion de responsabilité lors de dommages causés lors d'OMP. Nous analyserons divers instruments juridiques ainsi que les immunités qui s'appliquent à l'ONU et verrons les recours disponibles, s'il y a lieu, pour les victimes.

Section I – Mise en contexte

Le 12 janvier 2010, Haïti est frappé par un tremblement de terre d'une magnitude sans précédent. En l'espace de 35 secondes, le visage de ce pays a changé à tout jamais. Cette tragédie a causé 222 570 morts, 300 572 blessés et 2,3 millions de personnes déplacées, soit presque le quart de la population totale d'Haïti[480]. Parmi ces nombres, 101 membres des Nations Unis et casques bleus ont péri. De plus, un grand nombre d'infrastructures ont été détruites. Si l'on combine ces chiffres avec le fait que ce pays reste le moins développé de l'hémisphère occidental (IDH : 149e sur 179 pays), que 78% de la population vit sous le seuil de pauvreté absolue et 56% dans une pauvreté extrême et qu'Haïti a la plus forte densité de population dans la région (soit 353 personnes au km^2)[481], on peut deviner l'impact qu'aurait une épidémie sur la population.

---

[480] Département des opérations de maintien de la paix, «Haiti : 6 months after... » (2010), en ligne : Nations Unies <www.un.org/en/peacekeeping/missions/minustah/documents/6_months_after_commemoration.pd> à la p 3.
[481] Unicef, *Haïti en chiffres*, en ligne : Unicef <www.unicef.org/haiti/french/overview_16366.htm>.

Rapidement après les évènements, le 19 janvier 2010, le Conseil de sécurité, dans sa résolution 1908[482], a approuvé la recommandation du Secrétaire général portant sur l'augmentation des forces de la MINUSTAH sur le terrain pour aider le pays à se relever, à se reconstruire et à retrouver le chemin de la stabilité[483]. Malheureusement, une tragédie n'en attend pas une autre. Le 22 octobre 2010, soit neuf mois après le tremblement de terre, le premier cas de choléra en près de cent ans en Haïti est confirmé par le *Haiti National Public Health Laboratory*. L'épidémie qui s'en est suivie, facilitée par les piètres conditions de vie mentionnées précédemment et touchant un pays n'ayant pas les moyens de faire face aux conséquences de la maladie, a causé la mort de plus de 9 145 personnes et a infecté plus de 780 000 personnes[484], soit près de 7% de la population d'Haïti. Le rapport indépendant commandé par l'ONU et remis le 4 mai 2011 mentionne la source probable de la contamination :

> « After establishing that the cases began in the upper reaches of the Artibonite River, potential sources of contamination that could have initiated the outbreak were investigated. MINUSTAH contracts with an outside contractor to handle human fecal waste. The sanitation conditions at the Mirebalais MINUSTAH camp were not sufficient to prevent fecal contamination of the Meye Tributary System of the Artibonite River. Water in the Meye Tributary System reaches the Artibonite River junction in less than 8 hours, and flows downstream in another 1-2 days to a dam and canal system widely used for irrigation throughout the Artibonite River Delta. »[485]

En outre, le rapport vient à la conclusion que l'épidémie a été causée par une bactérie introduite à Haïti par l'action humaine et que cette dernière est une souche similaire à celle retrouvée en Asie du sud[486], dont fait partie le Népal[487].

---

[482] Conseil de sécurité, *Résolution 1908 du Conseil de sécurité sur l'augmentation de l'effectif global de la force de la MINUSTAH aux fins de l'appui aux efforts immédiats de relèvement, de reconstruction et de stabilisation*, 19 janvier 2010, Doc NU S/RES/1908 (2010).

[483] Département des opérations du maintien de la paix, *MINUSTAH*, en ligne : Nations Unies <www.un.org/fr/peacekeeping/missions/minustah>.

[484] *Alston, supra* note 44 à la p 2.

[485] *Cravioto, supra* note 44 à la p 3.

[486] *Ibid* à la p 4.

[487] *Ibid* à la p 28.

Toutefois, le rapport conclut que cette épidémie a été causée par la confluence de plusieurs circonstances, dont l'usage répandu de l'eau de la rivière pour faire la lessive, se baigner, boire et s'amuser et les mauvaises conditions en matière d'eau et d'assainissement, et n'était pas la faute, ou n'était pas due à l'action délibérée d'un groupe ou d'un individu[488]. Suite au dépôt du rapport, le Secrétaire général de l'ONU « *remercie le Groupe d'experts indépendant pour ses efforts et examinera attentivement ses conclusions et recommandations* »[489]. Devant les conclusions de ce rapport, il est évident que le Secrétaire général avait de quoi se réjouir : malgré les fortes probabilités que la source du choléra, causant des milliers de morts dans un pays qui souffrait déjà de pauvreté extrême et de diverses catastrophes naturelles, ait été introduite par un casque bleu népalais dû à des examens préalables à la mission déficients, on vient libérer en apparence l'ONU de sa responsabilité. Toutefois, suite à l'ambiguïté soulevée par cette conclusion, le même groupe d'experts a publié un autre article en 2013 où ces derniers spécifient que le camp de la MINUSTAH à Mirebalais était la plus probable source d'introduction du choléra en Haïti et que l'épidémie avait été presque certainement causée par l'insuffisance du système d'assainissement d'un camp où étaient stationnés plusieurs centaines de soldats originaires du Népal[490]. Afin de justifier leur conclusion selon laquelle personne n'était en faute, ils y répondent en mentionnant qu'ils ne croient pas que l'introduction du choléra ait été délibérée, mais plutôt le résultat d'une série d'événements accidentels et malheureux[491].

Plus de 4 ans après le début de l'épidémie, le 14 juillet 2014, le Secrétaire général Ban Ki-moon a décidé d'aller à Haïti pour le lancement de la « Campagne d'assainissement total », afin de constater en personne les conséquences du

---

[488] *Cravioto, supra* note 44 à la p 4.
[489] *Porte-parole du Secrétaire général Ban Ki-moon, supra* note 45.
[490] Daniele Lantagne et al., « The Cholera Outbreak in Haiti: Where and how did it begin? » dans G. Balakrish Nair et Yoshifumi Takeda, dir., *Current Topics in Microbiology and Immunology - Cholera Outbreaks*, Berlin, Springler, 2013 à la p 162.
[491] *Ibid* à la p 160.

choléra et exprimer ses plus sincères condoléances au peuple haïtien[492], sans assumer pour autant sa responsabilité. En effet, il a refusé au long de son séjour de répondre à toute question concernant la responsabilité de l'ONU ou d'éventuelles compensations[493]. De plus, toujours en 2014, le Sous-secrétaire Pedro Medrano Rojas, Coordonnateur principal pour la lutte contre le choléra en Haïti, a écrit une lettre datée du 25 novembre dans laquelle il sous-entendait que le principal enseignement de l'enquête du groupe d'expert était que l'épidémie n'était pas la faute, ou due à l'action délibérée, d'un groupe ou d'un individu[494]. Il a fallu attendre que la version préliminaire du rapport de Philip Daillier, Forteau et Pellet, Rapporteur spécial sur l'extrême pauvreté et les droits de l'homme, ait été divulgué à la presse pour que l'ONU reconnaisse sa « responsabilité morale » dans l'affaire[495]. Ce rapport du 26 août 2016 indique par ailleurs que le raisonnement du groupe d'experts présente des failles d'un point de vue juridique. Il faut comprendre que le rapport du groupe d'experts a été écrit dans une optique scientifique et non juridique et que leur conclusion selon laquelle les experts ne pensaient pas que l'introduction du choléra était délibérée ne traite pas de la question de la négligence qui est au cœur de la notion juridique de fait illicite[496]. De plus, ces derniers, en tentant de minimiser la faute de l'ONU, font un amalgame entre la responsabilité de l'introduction du choléra en Haïti et la vulnérabilité du pays, alors que le choléra ne se serait pas déclaré sans l'action de l'ONU dans le pays.

Cette position est également décriée par plusieurs, y compris des anciens employés de l'ONU. Bruce Rashkow, ancien juriste de l'organisation, croit que cette dernière est « *supposée représenter l'idéal de la façon dont nous nous comportons les uns avec les autres […] et dont l'ONU doit se comporter avec les*

---

[492] Secrétaire général, *Activités du Secrétaire général en Haïti les 14 et 15 juillet 2014*, 18 juillet 2014, Doc NU SG/T/2967 (2014).
[493] *France 24, supra* note 46, au 00h:06m:48s.
[494] *Alston, supra* note 44 à la p 9.
[495] *Ibid* à la p 23.
[496] *Ibid* à la p 10.

citoyens du monde »[497]. Il aborde également la raison qui pousserait l'ONU à ne pas reconnaître sa responsabilité dans ce dossier : la peur de créer un précédent, de voir plusieurs missions à travers le monde être la cible de poursuites et le fardeau financier que cela représenterait. Toutefois, le juriste considère que malgré cela, l'ONU devrait faire face à ses responsabilités. Les immunités diplomatiques de l'ONU n'excluent en rien la responsabilité engendrée par des actes de l'organisation. Les médias, de leur côté, ont également critiqué l'ONU. Le Washington Post a écrit à travers un éditorial que *« by refusing to acknowledge responsibility, the United Nations jeopardizes its standing and moral authority in Haiti and in other countries where its personnel are deployed »*[498]. Le New York Times a également ajouté que *« United Nations has failed to face up to its role in a continuing tragedy. It should acknowledge responsibility, apologize to Haitians and give the victims the means to file claims against it for the harm they say has been done them »*[499]. Du côté des organisations non gouvernementales [ONG], en plus d'Amnistie Internationale et d'Human Rights Watch qui ont réclamé un mécanisme pour instruire les demandes des victimes du choléra[500], plus de 34 ONG ont demandé aux candidats au poste de Secrétaire général de s'engager à s'assurer que les victimes du choléra en Haïti aient accès à des recours équitables[501].

---

[497] *France 24, supra* note 46 au 00h:10m:36s.

[498] « United Nations must admit its role in Haiti's cholera outbreak », *Washington Post* (16 août 2013), en ligne: <www.washingtonpost.com/opinions/united-nations-must-admit-its-role-in-haitis-cholera-outbreak/2013/08/16/e8411912-05d9-11e3-a07f-49ddc7417125_story.html?utm_term=.3aab0087b2fe>.

[499] « Haiti's Imported Disaster », *The New York Times* (12 octobre 2013), en ligne: <www.nytimes.com/2013/10/13/opinion/sunday/haitis-imported-disaster.html>.

[500] *Haiti: Five years on, no justice for the victims of the cholera epidemic*, en ligne: Amnesty International <www.amnesty.org/download/Documents/AMR3626522015ENGLISH.pdf> à la p 1; Human Rights Watch, Haïti – Event of 2015, en ligne: <www.hrw.org/world-report/2016/country-chapters/haiti>.

[501] *UN Accountability Pledge*, en ligne : Code Blue <www.codebluecampaign.com/press-releases/2016/7/27>.

Section II – Les problèmes en matière d'indemnisation

Depuis novembre 2011, le Bureau des avocats internationaux a travaillé avec plus de 5 000 victimes du choléra pour trouver un règlement avec l'ONU afin d'obtenir un procès équitable, des indemnisations, des mesures préventives et une reconnaissance publique de la responsabilité de l'ONU[502]. La base de leur réclamation trouvait sa source dans la section 29 de la *Convention sur les privilèges et immunités des Nations Unies*[503], laquelle mentionne que « *l'Organisation des Nations Unies devra prévoir des modes de règlement appropriés pour les différends en matière de contrats ou autres différends de droit privé dans lesquels l'Organisation serait partie* ». Toutefois, en février 2013, après avoir rappelé les conclusions du groupe d'experts et l'absence de faute, l'ONU a refusé les demandes du Bureau sous prétexte que les réclamations ne pouvaient relever du droit privé, étant donné que « *consideration of these claims would necessarily include a review of political and policy matters* »[504]. Toutes les demandes subséquentes du Bureau pour des clarifications ou de la médiation sont restées sans réponse.

C'est suite à ce mutisme et ce déni de justice que l'organisme a déposé une requête en octobre 2013 devant la *United States District Court for the Southern District of New York* à l'encontre de l'ONU, de la MINUSTAH, du Secrétaire général Ban Ki-moon et l'ancien patron de l'opération, Edmond Mulet[505]. L'ONU n'a jamais daigné répondre à la poursuite. Au lieu de cela, cette dernière a demandé aux États-Unis d'obtenir le rejet de la requête à leur nom, citant leurs obligations en tant que pays hôte des Nations-Unies[506]. Le 9 janvier 2015, dans une décision expéditive de huit pages, après avoir analysé dans

---

[502] *Alston, supra* note 44 à la p 11.
[503] *Convention sur les privilèges et immunités des Nations Unies*, *supra* note 230, article VIII, section 29 a).
[504] *BAI, supra* note 42 à la p 3.
[505] *Georges NY Dist Ct et Georges US Ct of Appeals, supra* note 43.
[506] *BAI, supra* note 42 à la p 4.

la jurisprudence des causes similaires, le juge vient à la conclusion que « *the United Nations, MINUSTAH, Ban Ki-moon, and Edmond Mulet are absolutely immune from suit in this Court. Plaintiffs' claims against these defendants are therefore DISMISSED under Rule 12(h)(3) for lack of subject matter jurisdiction* »[507]. L'immunité des défendeurs devant les Cours américaines a également été confirmé en appel le 19 août 2016 devant la *United States Court of Appeals for the Second Circuit*[508]. Le cas est malheureusement clos. Ces jugements concordent avec une décision du Tribunal civil de Bruxelles, basé également sur la section 29 de la *Convention sur les privilèges et immunités des Nations Unies*, où le requérant et sa famille avaient subi de la violence de la part des membres de l'ONUC, incluant la destruction de sa maison et de la quasi-totalité de ses biens[509]. Même si le Tribunal est d'accord que l'ONU avait l'obligation d'instituer des juridictions qui statueraient sur les litiges auxquels elle serait partie, ce dernier arrive à la conclusion que l'immunité des Nations Unies est « inconditionnelle » et « *qu'en tout état de cause, il* [appartenait] *à l'Organisation des Nations Unies et à elle seule d'organiser les juridictions qui réaliseraient un mode de règlement approprié des différends* [...] *quels qu'en puisse être les inconvénients pour les justiciables* »[510].

Toutefois, ces recours étaient loin d'être absurdes en termes juridiques. Il faut comprendre qu'étant donné que l'ONU jouit de la personnalité juridique internationale, elle reconnait qu'elle peut contracter des obligations et assumer des responsabilités de droit privé[511]. De plus, l'ONU accepte le principe selon lequel elle est responsable envers les tiers en cas de dommages causés durant une

---

[507] *Georges NY Dist Ct, supra* note 43 à la p 8.
[508] *Georges US Ct of Appeals, supra* note 43.
[509] *Zašova, supra* note 36 aux pp 397 et 398; Tribunal civil de Bruxelles, 11 mai 1966, *Manderlier c ONU et État Belge*, (1966) Journal des tribunaux 723 (Belgique).
[510] *Ibid.*
[511] Voir notamment Nations Unies, *Annuaire juridique des Nations Unies de 2001*, New York, Publications des Nations unies, 2008, deuxième partie, chap VI, sect A, p 381 et s.

OMP[512]. En outre, par résolution, l'Assemblée générale a instauré un mécanisme particulier de règlement de demandes d'indemnisations dans le contexte des OMP, tout en fixant des limites à cette responsabilité. Par exemple, l'Assemblée a fixé un plafond de 50 000$ par individu en ce qui concerne les réclamations en cas de préjudices corporels, de maladie ou de décès[513]. Aucune indemnité n'est due en ce qui concerne les préjudices non pécuniaires ou moraux.

Par la suite, les demandes d'indemnisation relevant du droit privé sont également évoquées dans l'*Accord de statut des forces entre les Nations Unies et le gouvernement Haïtien* du 9 juillet 2004, plus précisément aux articles 54 et 55: « *Third-party claims for property loss or damage and for personal injury, illness or death arising from or directly attributed to MINUSTAH [...] shall be settled [...] by a standing claims commission to be established for that purpose* »[514]. En outre, il est important de spécifier que les actions de l'ONU doivent se conformer aux normes relatives aux droits de l'homme. Comme le Sous-secrétaire Rojas l'a affirmé dans sa lettre datée du 25 novembre 2014, « *the United Nations has adopted a number of specific policies and procedures to ensure that its peacekeeping operations and their personnel operate within the normative framework of international human rights law and are held accountable for alleged violations* »[515].

En outre, tel que le mentionne les auteurs Daillier, Forteau et Pellet, « *tout ordre juridique suppose que les sujets de droit engagent leur responsabilité lorsque leurs comportements portent atteinte aux droits et intérêts des autres*

---

[512] Assemblée Générale des Nations Unies, *Procedures in place for implementation of article VIII, section 29, of the Convention on the Privileges and Immunities of the United Nations*, 24 avril 1995, Doc NU A/C.5/49/65 (1995).

[513] Assemblée générale, *Demandes d'indemnisation au titre de la responsabilité civile: limitations temporelles et financières*, 17 juillet 1998, Doc NU A/RES/52/247 (1998).

[514] Bureau des avocats internationaux, « Agreement Between the United Nations and the Government of Haiti Concerning the Status of the United Nations Operation in Haiti » (9 juillet 2004), en ligne : <ijdh.org/wordpress/wp-content/uploads/2011/11/4-Status-of-Forces-Agreement-1.pdf>.

[515] Pedro Medrano Rojas, *Lettre datée du 25 novembre 2014 envoyée à mesdames Farha et de Albuquerque et messieurs Gallón et Pūras, titulaires de mandat au titre des procédures spéciales*, en ligne : SCRIBD <fr.scribd.com/doc/261396640/>, par 57.

sujets de droit »[516]. En effet, tout comme les États, les organisations internationales peuvent voir leur responsabilité internationale engagée si des comportements illicites leur sont imputables[517]. Les règles de la responsabilité internationales sont d'origines coutumières[518], mais elles ont été codifiées par la Commission du droit international dans les dernières années. On retrouve ce principe aux articles 1 et 2 du *Projet d'articles sur la responsabilité de l'État pour fait internationalement illicite*[519] ainsi qu'à l'article 3 du Projet d'articles sur la responsabilité des organisations internationales qui stipule que « *tout fait internationalement illicite d'une organisation internationale engage sa responsabilité internationale* »[520]. Afin de retenir la responsabilité internationale d'une organisation internationale, il n'est pas nécessaire qu'il y ait une faute[521], mais on devra prouver deux éléments, soit qu'un manquement au droit international a été commis et que ce manquement peut être attribué à un sujet de cet ordre juridique[522]. Ce manquement peut venir par exemple du fait de ne pas respecter le contenu des Conventions de Genève de 1949[523] ou de la Déclaration universelle des droits de l'homme[524] ou d'une négligence commise par l'ONU.

De plus, une organisation internationale pourra voir sa responsabilité internationale retenue du fait d'un de ses organes ou d'un organe mis à sa disposition par une autre organisation internationale ou un autre État[525]. Il faudra à ce moment prouver que l'organisation internationale avait le « contrôle effectif » pour lui imputer le comportement[526]. Dans le cas des opérations de maintien de la paix, étant des « *organes subsidiaires du Conseil de sécurité ou de*

---

[516] *Daillier, Forteau et Pellet, supra* note 36 à la p 848.
[517] *Ibid* à la p 871.
[518] *Ibid* à la p 855. Voir aussi *Dupuy et Kerbrat, supra* note 84 à la p 510.
[519] Commission du droit international, *Projet d'articles sur la responsabilité de l'État pour fait internationalement illicite*, ONU, New York, 2001.
[520] *PAROI, supra* note 83.
[521] *Dupuy et Kerbrat, supra* note 84 à la p 513.
[522] *Ibid*, aux pp 512-513; *Daillier, Forteau et Pellet, supra* note 36, à la p 854; *PAROI, supra* note 83, art. 4.
[523] *Conventions de Genève, supra* note 70.
[524] *Déclaration universelle des droits de l'homme, supra* note 86.
[525] *PAROI, supra* note 83, art. 6 et 7.
[526] *Lagrange et Sorel, supra* note 36 à la p 1021.

l'Assemblée générale de l'ONU, [elles] *sont placées "sous le commandement et le contrôle exclusifs de l'Organisation" qui assure leur commandement stratégique et opérationnel, dans un souci compréhensible d'efficacité* »[527]. Toutefois, comme le note les auteurs Lagrange et Sorel :

> « Au-delà du principe général de l'imputation des actes des opérations de paix à l'ONU, l'imputation dans ce contexte peut parfois poser des difficultés d'application, dès lors que les États fournisseurs de ces contingents conservent certains pouvoirs résiduels sur leurs contingents nationaux ou que les membres des contingents peuvent aussi agir hors de la chaîne de commandement onusienne. Toute la question en ce qui concerne l'imputation d'un comportement déterminé est celle de savoir qui, de l'ONU ou de l'État fournisseur du contingent, exerce le véritable contrôle sur le comportement litigieux qui se déroule à un moment donné. »[528]

Nous n'aborderons pas dans ce livre la notion d'attribution double de la responsabilité[529]. Toutefois, il est intéressant de noter que l'État néerlandais a été reconnu partiellement responsable du décès de 350 musulmans lors du massacre de Srebrenica en 1995 en Bosnie par la Cour d'appel de La Haye, alors qu'au cours de l'évacuation de Srebrenica, les Casques bleus néerlandais ont *« facilité la séparation des hommes et des garçons musulmans tout en sachant qu'il y avait un risque réel qu'ils subissent un traitement inhumain, ou qu'ils soient exécutés par les Serbes de Bosnie »*[530].

Le rapport de Philip Alston mentionne que les demandes d'indemnisation présentées dans le cadre d'OMP sont souvent réglées à l'amiable et de manière confidentielle[531]. Ce dernier recense trois cas de non recevabilité pour des motifs similaires à ceux présenté dans le cadre de la MINUSTAH. Dans

---

[527] *Lagrange et Sorel, supra* note 36 aux pp 1021 et 1022.
[528] *Ibid* à la p 1022.
[529] Pour plus d'informations, voir à ce sujet : Luigi Condorelli, « De la responsabilité internationale de l'ONU et/ou de l'État d'envoi lors d'actions de Forces de Maintien de la Paix: l'écheveau de l'attribution (double?) devant le juge néerlandais » (2014) 1 QIL 3; Supreme Court of the Netherlands, Hague, 6 septembre 2013, *The State of Netherlands v Hasan Nuhanovic*, No 12/03324 (Pays-Bas); *Zašova, supra* note 36 aux pp 433 et s.
[530] *Van Ouwerkerk, supra* note 119.
[531] *Alston, supra* note 44 à la p 12.

un cas, il s'agissait d'une demande à la suite de la contamination au plomb dans les camps de la MINUK au Kosovo, à laquelle l'ONU a répondu que cela reviendrait à remettre en question l'exécution du mandat de la mission. Cette situation est similaire à Haïti, mais la contamination existait avant son arrivée. Les autres cas concernaient la MINUAR au Rwanda et la FORPRONU en Bosnie-Herzégovine pour ne pas avoir protégé la population. Toutefois, l'auteur considère que le cas d'Haïti est différent de ceux-ci, car les réclamations du Rwanda et de Srebrenica alléguait une défaillance par les casques bleus à s'acquitter de l'essence même de leur mandat et soulevait des questions opérationnelles par opposition à éviter la propagation de maladies infectieuses et létales[532]. De plus, dans le cas d'Haïti, les demandes semblent avoir toutes les caractéristiques relevant du droit de la responsabilité : on reproche à l'ONU de ne pas avoir organisé de dépistage du choléra au sein de ses forces, de ne pas avoir fourni des installations sanitaires adéquates et de ne pas avoir pris de mesures correctives après l'apparition de la maladie. Les demandes visent donc des préjudices corporels liés aux actions de la MINUSTAH qui lui sont imputables.

Pour certains, l'indemnisation des victimes risquerait d'entraîner la faillite de l'ONU. C'est notamment le cas de Brett D. Schaefer, chercheur au *Margaret Thatcher Center for Freedom*. Ce dernier ne voyait pas d'un bon œil une éventuelle victoire en faveur des plaignants dans le cas des procédures ayant mené aux jugements *Georges v United States*. Même s'il considère terrible les évènements d'Haïti et outrageux la négligence de l'ONU dans ce dossier, il croit qu'une décision favorable ne punirait pas les personnes directement responsables, mais causerait plutôt une réduction des activités de l'ONU, ce qui mènerait à encore plus de souffrances à travers le monde[533]. Comme l'illustre Schaefer, « *if the U.N. agreed to pay full compensation and restitution to Haitians harmed by cholera, that is, paying the full $50,000 in claims allowed under resolution 52/247 to the nearly 700,000 alleged victims in Haiti, payments would total more than*

---

[532] *Alston, supra* note 44 à la p 13.
[533] *Schaefer, supra* note 27.

$32 billion »[534], soit plus que le budget global de l'ONU dédié aux OMP. Ce coût serait probablement absorbé par les membres des Nations Unies, à travers le budget, mettant la pression sur les principaux pays contributeurs comme les États-Unis (22%), le Japon (10,833%) ou le Canada (2,984%), alors que le Népal n'en absorberait que 0,006%[535]. Les États membres pourraient être beaucoup moins disposés à autoriser des opérations de maintien de la paix s'ils devenaient vulnérables à un risque financier significatif. L'auteur recommande de mettre l'accent sur l'amélioration du dépistage et de l'assainissement, d'améliorer l'imputabilité de l'ONU et des pays fournisseurs de contingents, réorganiser les fonds existants pour les efforts anti-choléra et de mieux contrôler et diriger les OMP[536]. Cette pensée concorde avec celle de Thomas G. Bode, lequel considère que de tels paiements n'empêcheraient pas d'autres Haïtiens d'être infectés, et qu'un tel versement ne servirait pas à la poursuite des buts de l'Organisation et se ferait au détriment de d'autres missions et programmes onusiens[537].

En contrepartie, Philip Alston répond à cet argument en mettant de l'avant que ce montant devrait être considéré comme un avertissement sur ce qui pourrait arriver si des tribunaux nationaux décidaient que la position de l'ONU est inadéquate. Selon lui, le meilleur moyen pour l'ONU d'éviter une telle conclusion est d'offrir une réparation appropriée[538]. Nous pouvons faire un parallèle avec l'accord conclu en 1965 avec la Belgique qui prévoyait la reconnaissance de la responsabilité financière quand les dommages découlent d'actes commis par des agents de l'ONU, tout en précisant que l'accord

---

[534] *Schaefer, supra* note 27.
[535] Assemblée générale, *Barème des quotes-parts pour la répartition des dépenses de l'Organisation des Nations Unies*, 11 février 2013, Doc NU A/RES/67/238 (2013).
[536] *Schaefer, supra* note 27.
[537] Thomas G. Bode, « Cholera in Haiti: United Nations Immunity and Accountability » (2015) 47 Geo. J. Int'l L. 759 aux pp 790 et 791.
[538] *Alston, supra* note 44 à la p 19.

s'appliquait « *sans préjudice des privilèges et immunités dont jouit l'Organisation des Nations Unies* »[539].

De plus, malgré le fait qu'Alston reconnaît que l'immunité de l'ONU est un principe d'importance capitale, ce dernier soutien que de bénéficier d'une immunité absolue sans offrir de recours est indéfendable[540] et c'est pourquoi la *Convention sur les privilèges et immunités des Nations Unis* prévoit par exemple à la fois l'immunité et des recours. Tel que recommandé dans le rapport Zeid, le Secrétaire général devrait lever l'immunité en cas d'infraction « *s'il estime que le maintien de l'immunité empêcherait que justice soit faite et que sa levée ne portera pas préjudice aux intérêts de l'Organisation* »[541]. D'ici là, la position de l'ONU a plutôt incité divers auteurs à remettre en question les immunités de l'ONU[542]. Finalement, il ajoute que l'hypothèse selon laquelle une indemnisation ne ferait qu'encourager d'autres actions n'augure rien de bon pour l'ONU, car cela signifierait que l'ONU a à maintes reprises injustement refusé d'offrir une réparation. Autrement, si les pratiques de l'ONU en matière de responsabilité sont cohérentes et équitables, il n'y a aucune raison de s'inquiéter[543].

---

[539] *Alston, supra* note 44 à la p 20.
[540] *Ibid* à la p 17.
[541] *Rapport Zeid, supra* note 149 à la p 33, par 86.
[542] Voir à ce sujet : Kristen E. Boon, « The United Nations as Good Samaritan: Immunity and Responsibility » (2015-2016) 16 Chi. J. Int'l L. 341; Ian Hurd, « End the UN's legal immunity », *The Hill* (22 juillet 2016), en ligne: <thehill.com/blogs/congress-blog/judicial/288739-end-the-uns-legal-immunity>; Rosa Freedman, « UN Immunity or Impunity? A Human Rights Based Challenge » (2014) 25:1 European J of Intl L 239.
[543] *Alston, supra* note 44 à la p 18.

Section III – Les pistes de solutions alternatives

Dans la section précédente, nous avons vu qu'il n'est pas toujours évident pour les populations ayant subis des dommages lors d'OMP d'obtenir réparation. Quels sont les recours disponibles pour ces individus? En effet, la CIJ n'a compétence qu'à l'égard des États, ce qui exclut les individus qui ne peuvent donc pas la saisir[544]. Malheureusement, les moyens à la disposition des individus pour obtenir une indemnité de la part de l'ONU sont très limités. Tel que nous l'avons vu précédemment avec les décisions *Georges v United Nations*[545], les tentatives de saisir les tribunaux nationaux ont échouées, notamment à cause des immunités dont jouit l'ONU. Même si celle-ci a l'obligation de mettre sur pied une commission des réclamations lors de ses interventions, cette obligation n'est pas toujours respectée. Les individus peuvent toujours tenter de régler à l'amiable leurs différends avec l'organisation. Par exemple, l'auteur Sorel note que durant la période de la FORPRONU, entre 1992 et 1995, une structure pour le traitement des réclamations avait été mise en place par l'ONU. Les dossiers étaient instruits par un juriste sur place avec une possibilité de règlement à l'amiable jusqu'à un certain seuil financier[546]. Le professeur Frédéric Mégret reproche toutefois à ce type de procédure « *de déboucher typiquement sur une décharge par l'auteur de la demande, dégageant la responsabilité de l'organisation, ce qui semble assez inadapté au défi normatif des droits de l'homme* »[547]. Ce dernier propose plutôt une commission indépendante qui « *serait assurément un organe plus indépendant que ne le sont les comités locaux d'examen des demandes d'indemnisation* [...] *La pratique passée (Congo, 1965) et les recommandations du Secrétaire général depuis, dessinent une préférence pour une* « *résolution*

---

[544] Floyd-Loyf Kabuya Kalombo, *La responsabilité des organisations internationales pour dommages causés aux populations civiles. Cas de la force intérimaire des Nations Unies au sud Liban*, mémoire de M Sc, Université protestante au Congo, 2011 [non publié].

[545] *Georges NY Dist Ct et Georges US Ct of Appeals, supra* note 43.

[546] Jean-Marc Sorel, « La responsabilité des Nations Unies dans les opérations de maintien de la paix» (2001) 3 Int'l L.F. D. Int'l 127 à la p 134.

[547] Frédéric Mégret, « La responsabilité des Nations Unies aux temps du choléra » (2013) 46 R.B.D.I. 161 à la p 187 [*Mégret*] à la p 187.

globale » qui mériterait bien que l'on s'y intéresse »[548]. Cela rejoint la position de Philip Alston, lequel avait souligné l'urgence de créer une commission de réparation pour les victimes du choléra, afin de permettre *« le recensement des dommages, l'indemnisation correspondante, l'identification des responsables, l'arrêt de l'épidémie et d'autres mesures »*[549]. Entre-temps, la campagne de financement de l'ONU pour amasser 2,2 milliards afin de contrecarrer l'épidémie de choléra est un bon début, mais seulement 307 millions ont été amassés jusqu'à maintenant, soit 14%, ce qui fait perdurer la maladie[550].

Il reste à souhaiter que les évolutions du droit international des dernières années mènent éventuellement à une simplification du processus d'indemnisation pour les individus. En effet, les organisations internationales auraient tout à gagner en légitimité à mettre, par exemple, en place des organes spécialisés pour trancher ce type de litiges. Comme le mentionne Philip Aston, *« les chances de réussite* [des OMP] *dépendent de plusieurs facteurs, mais avant tout de la légitimité, de la crédibilité et de la capacité de réaction »*[551]. La position de l'ONU, soit de ne pas se conformer à ses obligations telles que prévues par l'accord sur le statut des forces, mais également aux droits fondamentaux par la mise en place d'un recours efficace à ceux qui ont été lésés, met en péril l'état de droit et mine sa crédibilité en tant que défenseur de ce respect[552]. Face à la situation haïtienne, il est clair que les pays envisageant d'accueillir des OMP ont compris que l'ONU n'était pas prête à assumer ses responsabilités en cas de conduite négligente. Comme il était mentionné dans le rapport Deschamps, lorsque la communauté internationale ne prête pas assistance aux victimes ou ne

---

[548] *Mégret, supra* note 547 à la p 187.
[549] Assemblée générale des Nations Unies, *Rapport de l'Expert indépendant sur la situation des droits de l'homme en Haïti*, 12 février 2016, Doc NU A/HRC/31/77 (2016) à la p 19, par 102.
[550] « Le choléra perdure en Haïti », *Radio-Canada avec Associated Press* (3 mars 2016), en ligne : <ici.radio-canada.ca/nouvelles/International/2016/03/03/005-haiti-cholera-oms-aide-zika.shtml>.
[551] *Alston, supra* note 44 à la p 21.
[552] *Ibid.*

prend pas de mesures pour faire en sorte que les auteurs répondent de leurs actes, cela revient à trahir la confiance des victimes[553].

---

[553] *Deschamps, supra* note 19 à la p i.

CONCLUSION

Au début de ce livre, nous nous sommes posé la question suivante : au-delà des réformes impulsées par le Rapport Brahimi, existe-t-il toujours des lacunes importantes influençant la légitimité et la crédibilité des opérations de paix? En effet, le rapport Brahimi nous mentionnait que les meilleures intentions du monde ne sauraient remplacer l'élément essentiel à leur succès, soit la crédibilité que donne la capacité d'agir[554]. En somme, nous nous sommes concentrés sur trois problématiques qui semble causer des difficultés à cet égard.

Premièrement, dans le premier chapitre de la deuxième partie, nous avons démontré que certains membres des OMP se prévalent encore aujourd'hui d'une immunité pénale en ce qui concerne des crimes commis dans le cadre des missions, dû notamment à une combinaison de facteurs juridiques et politiques. En effet, comme nous l'avons vu, en ce qui concerne les soldats, ceux-ci sont soumis à la juridiction exclusive de l'État participant dont ils sont ressortissants pour toute infraction pénale qu'ils pourraient commettre dans le pays hôte et ce sera donc au pays contributeur d'engager des poursuites pénales contre leur ressortissant. Toutefois, il est évident qu'aucun pays n'aime voir juger ses soldats. Comme nous l'avons abordé, les infractions commises lors d'OMP sont susceptibles d'une forte médiatisation et les États fournisseurs de troupes sont ainsi peu disposés à engager des poursuites disciplinaires contre les membres de leurs contingents en raison de la publicité que cela pourrait entraîner, ce qui expliquerait le nombre limité d'affaires traitées par les juridictions militaires. De plus, nous avons pu lire à travers le rapport Deschamps, en conjonction avec divers instruments juridiques, que l'ONU ne réagit pas toujours de manière appropriée face au problème. Nous avons ainsi pu conclure que les institutions actuelles peinent à endiguer ce fléau qui semble affecter majoritairement les pays en voie de développement. Nous avons couvert certaines solutions qui pourraient

---

[554] *Rapport Brahimi, supra* note 17 à la p viii.

être mises en place, dont certaines qui ne demanderaient pas de grands efforts diplomatiques. Par exemple, en ce qui concerne les violences sexuelles, l'ONU pourrait améliorer ses formations de pré-déploiement sur la prévention de la violence sexuelle, promouvoir l'interopérabilité, augmenter le ratio de femmes au sein des contingents ou même bannir certains pays des missions de paix, par exemple ceux qui se retrouvent dans les rapports sur le sort des enfants en temps de conflit armé et sur les violences sexuelles liées aux conflits. Sinon, d'autres solutions plus ambitieuses s'offrent à l'ONU, comme la mise en place d'une convention, l'adoption d'une résolution ou l'inclusion de nouvelles règles dans le mémorandum d'accord entre l'ONU et le pays fournisseur de troupes. Autrement, on pourrait accorder la compétence à certains tribunaux hydride de juger les actions des casques bleu. Cela permettrait de prendre en charge le dossier et de mener les accusations sur le territoire où s'est déroulée l'infraction, ce qui présenterait des avantages au niveau de l'enquête, de la récolte des éléments de preuve et de la proximité des témoins et des victimes.

Deuxièmement, dans le deuxième chapitre, nous avons abordé une des notions au cœur du Rapport Brahimi, soit que les mandats des OMP doivent être clairs, crédibles et réalisables. Nous avons expliqué qu'un mandat clair indique un consensus autour des objectifs au plus haut niveau politique alors qu'un langage flou ou imprécis laisse planer plusieurs interprétations, ce qui peut aider à faire adopter une résolution, mais fournit une piètre base à toute planification et intervention militaires. Un mandat clair permet une unité au sein de l'OMP, où les différentes unités partagent une même vision des objectifs à accomplir, ce qui facile la coordination et la coopération. Au contraire, si le Conseil de sécurité ne s'entend pas sur la portée du mandat ou s'ils acceptent à contrecœur, cela peut mener à l'implantation d'un mandat inadéquat ou à des moyens inadéquats. Heureusement, nous avons exposé que la pratique récente des OMP montre qu'elles sont de plus en plus ancrées au chapitre VII de la Charte et que le mandat humanitaire y est désormais inclus. En effet, selon notre analyse, sur les 15 OMP créées depuis la sortie du rapport Brahimi le 21 août 2000, 13 sont créées en vertu du Chapitre VII de la Charte, et parmi celles-ci, 12 incluaient la protection des populations civiles dans leur mandat. Dans le même ordre d'idée, il faudrait que l'ONU s'assure d'un déploiement en temps opportun. Il existe pour le moment une tendance à focaliser sur les conflits lorsqu'ils atteignent le stade de crise ou de guerre, notamment à cause de la nature *ad hoc* des OMP.

En outre, le rapport Brahimi spécifiait que les 6 à 12 semaines qui suivent un accord de cessez-le-feu ou de paix constituent souvent la période la plus critique pour l'instauration d'une paix stable et la crédibilité d'une opération de maintien de la paix et que toute perte de crédibilité ou d'élan politique au cours de cette période sera souvent très difficile à rattraper. Toutefois, chaque OMP est créée de manière *ad hoc*, ce qui implique que l'on doit à chaque fois recommencer le processus de demande de troupes. Cette manière de procéder est inefficace et prend du temps. De plus, le rapport Brahimi ciblait qu'une OMP classique puisse être déployée pleinement dans un délai de 30 jours à compter de l'adoption de la résolution par le Conseil de sécurité la créant, ou dans un délai de 90 jours dans le cas d'une opération complexe. Nous avons démontré qu'en pratique, la moyenne du délai avant que les premières troupes ne soient déployées était de 46 jours. Même si ce nombre semble se rapprocher de la cible, il est important de préciser qu'il ne représente que l'arrivée des premières troupes, alors qu'en réalité, il faut en moyenne près de 13 mois pour qu'un déploiement complet soit opéré. Afin de palier à ces lacunes, nous avons survolé l'article 43 de la Charte, qui est le mécanisme légal permettant à l'ONU d'avoir une armée en attente, et l'idée selon laquelle l'ONU pourrait disposer de sa propre force armée. Le principal argument serait de réduire grandement les délais d'intervention lors de crises humanitaires grâce à une force déjà rassemblée. L'ONU pouvait avoir son propre personnel ainsi que ses propres équipements et ressources, ce qui permettrait de surmonter le refus de certains États de partager leurs ressources sur un conflit qui leur semble de peu d'intérêt géopolitique et réglerait certains problèmes d'interopérabilité. Sinon, deux autres propositions s'offrent à l'ONU. Celle-ci pourrait davantage s'appuyer sur les sociétés militaires privées, où selon certains auteurs le déploiement de soldats disciplinés et professionnels dans des conditions rigoureuses pourrait apporter des améliorations aux normes actuelles de maintien de la paix. Entre les deux solutions précédentes se trouve l'option de la régionalisation des conflits. Le maintien de la paix régional tire sa source du Chapitre VIII de la Charte, laquelle encourage les États à utiliser des organisations régionales pour résoudre leurs différends de manière pacifique. De plus, il serait légal pour une organisation régionale de se déployer sans l'autorisation du Conseil de sécurité s'il n'a pas recours à la force ou s'il a le consentement de l'État hôte. Ce rôle accru que devrait jouer les organisations régionales a par ailleurs été mentionné dans le rapport Brahimi.

Troisièmement, dans le dernier chapitre, nous avons abordé la notion de responsabilité lors de dommages causés lors d'OMP, notamment à travers la situation qu'a vécu Haïti. On reproche notamment à l'ONU de ne pas avoir organisé de dépistage du choléra au sein de ses forces, de ne pas avoir fourni des installations sanitaires adéquates et de ne pas avoir pris de mesures correctives après l'apparition de la maladie. Depuis, l'ONU refuse systématiquement de procéder à l'indemnisation des victimes en regard du préjudice corporel qu'ils ont subi. Nous avons déterminé que de telles actions relèveraient du droit privé et qu'en vertu de la *Convention sur les privilèges et immunités des Nations Unies*, l'Organisation des Nations Unies doit prévoir des modes de règlement appropriés pour les différends de droit privé. Les demandes d'indemnisation relevant du droit privé sont également évoquées dans l'*Accord de statut des forces entre les Nations Unies et le gouvernement Haïtien*. En outre, par résolution, l'Assemblée générale a également instauré un mécanisme particulier de règlement de demandes d'indemnisations dans le contexte des OMP, tout en fixant des limites à cette responsabilité. Pourtant, l'ONU se cache derrière ses immunités et indique que l'examen de ces réclamations comprendrait nécessairement une révision des politiques de l'Organisation. Pour le moment, l'examen des décisions judiciaires nationales montre que l'immunité de l'ONU est inconditionnelle et qu'il n'appartient qu'à celle-ci d'organiser les juridictions qui réaliseraient un mode de règlement approprié des différends. Nos recherches ont montré que d'ici à ce que l'ONU reconnaisse sa responsabilité juridique dans le dossier et indemnise les victimes, ou mette en place une commission indépendante, il n'y a que peu de recours disponibles pour les victimes. Celles-ci peuvent tenter de régler à l'amiable leurs différends avec l'organisation ou recourir à la protection diplomatique. Toutefois, ce sera à leur État de nationalité de décider de manière discrétionnaire d'exercer ou non sa protection et des modalités de cet exercice.

Malheureusement, les problèmes qui touchent les OMP ne se limitent pas seulement aux trois que nous avons abordés dans ce livre. Si le lecteur veut aller plus loin, il existe d'autres lacunes au sein de l'ONU elle-même qui touchent directement les OMP. Tel que nous l'avons soulevé en introduction et également relevé dans la doctrine Capstone, les OMP doivent être accompagnées de ressources adéquates. Toutefois, le budget alloué de nos jours aux OMP, tout comme celui alloué au fonctionnement de l'ONU de manière globale, reste nettement insuffisant et ne correspond pas à l'ampleur et à la complexité des activités actuelles de maintien de la paix. En effet, comme mentionné dans l'approche Nouvel horizon, le personnel, les systèmes logistiques, financiers et administratifs de l'ONU ont du mal à assurer l'appui nécessaire aux opérations[555]. Au 1er juillet 2016, le budget des OMP s'établissait à 7,87 milliards, avec des arriérés de contributions s'élevant à environ 1,60 milliards de dollars au 31 mai 2017[556]. Comme l'écrit le professeur François Roch, *« les sommes investies dans le maintien de la paix restent risibles, voire insignifiantes, en comparaison avec les budgets militaires global des États membres (environ 1 500 milliards de dollars US en 2014), en particulier ceux des membres permanents du Conseil de sécurité qui dépassent les 1000 milliards $US par an »*[557].

---

[555] *Nouvel horizon, supra* note 31 à la p i.
[556] *Budget, supra* note 448.
[557] François Roch, « Réflexion sur les évolutions possibles et nécessaires du paradigme onusien : peut-on envisager une réforme majeure du système? » dans Mélanges en l'honneur du Professeur Auguste Mampuya, 2015/2016 (en préparation) aux pp 31 et 31; pour les données mentionnées, voir également IHS, *Global Defence Budgets Overall to Rise for First Time in Five Years*, en ligne :

À titre comparatif, l'Union européenne, étant elle aussi une organisation internationale, dispose d'un budget de 145 milliards d'euros, qui ne représente qu'1 % de la richesse produite chaque année par les pays membres de l'UE[558]. Les ressources propres de cette organisation reposent sur trois types : les ressources propres traditionnelles, soit principalement des droits de douane perçus sur les importations en provenance de pays non membres de l'UE, la ressource propre fondée sur la taxe sur la valeur ajoutée (TVA), soit un taux uniforme de 0,3 % qui s'applique à l'assiette harmonisée de la TVA des États membre, et la ressource propre fondée sur le RNB, où chaque État membre transfère un certain pourcentage de ses revenus (exprimés en RNB) au budget de l'UE (soit 0,84321 % en 2013)[559]. Ce système est devenu la principale source de revenus du budget de l'UE, représentant 73,8 % de la totalité des recettes en 2013. L'ONU aurait tout intérêt à suivre l'exemple de l'UE afin de renforcer ses capacités, en passant par d'autres mécanismes de financement que les cotisations de ses membres. Comme nous l'avons abordé rapidement dans le chapitre 2 de la deuxième partie, l'ONU pourrait taxer le transport de passagers et/ou la vente d'armes à travers le monde ou imposer aux États de donner un pourcentage de leur budget annuel de défense nationale ou recevoir le droit d'exploiter les ressources des océans ou d'imposer une taxe sur le tabac ou les taux de change. Ces fonds permettraient non seulement à l'ONU d'acquérir une certaine indépendance, mais ils lui permettraient également de fonctionner adéquatement.

Un autre problème concerne le processus de prise de décision au sein du Conseil de sécurité, plus précisément l'utilisation du droit de véto par les membres permanents. Nous pouvons prendre pour exemple le cas de la Syrie. En juillet 2012, pour la troisième fois depuis le début du conflit qui a déjà fait près de 500

<news.ihsmarkit.com/press-release/aerospace-defense-terrorism/global-defence-budgets-overall-rise-first-time-five-years>.

[558] Union européenne, *Budget*, en ligne : <europa.eu/european-union/topics/budget_fr>.

[559] Union européenne, *Comprendre les politiques de l'Union européenne – Budget*, Luxembourg, Office des publications de l'Union européenne, 2014 à la p 6.

000 morts et 12 millions de déplacés[560], la Russie et la Chine ont imposé leur droit de véto à l'encontre d'une résolution tenant le gouvernement syrien responsable de crimes contre l'humanité[561]. Selon le Dr Simon Adams, directeur du *Global Centre for the Responsability to Protect*, à chaque échec du Conseil de sécurité à tenir le gouvernement syrien responsable de ses actions, les forces du président Bashar al-Assad ont déployé une force armée de plus en plus extrême, ayant pour conséquence de transformer le pays en le pire cas d'atrocités de masse, de déplacements de civils et de catastrophes humanitaires au monde[562]. Ainsi, non seulement le Conseil de sécurité a échoué dans son rôle de maintenir la paix et la sécurité internationales, mais également de respecter ses engagements en vertu de la doctrine de la responsabilité de protéger envers le peuple syrien. Comme nous l'avons vu, chaque État a la responsabilité de protéger la population contre le génocide, les crimes de guerres, le nettoyage ethnique et les crimes contre l'humanité, et de prendre une action rapide et décisive lorsqu'un gouvernement échoue à respecter ses engagements. Toutefois, il faut obtenir un mandat du Conseil de sécurité en vertu du Chapitre VII pour effectuer une manœuvre militaire à l'endroit d'un autre pays, sans quoi toute action serait considérée comme illégale selon le droit international. L'imposition répétée du véto de la Russie et de la Chine dans ce dossier a non seulement commencé à soulever des questions concernant l'impartialité de la Russie face à la Syrie, mais également sur la légitimité et l'efficacité du Conseil de sécurité[563]. Son inhabilité à régler le conflit plus de six ans après son début constitue un échec historique de la part du Conseil de sécurité. Toutefois, il est rassurant de voir que certains États et organisations régionales prennent des actions politiques afin de respecter leurs engagements en matière de responsabilité de protéger. Par exemple, la Ligue des

---

[560] Cathy Lafon, « Six ans de guerre en Syrie et un effroyable bilan », *Sud Ouest* (15 mars 2017), en ligne: <www.sudouest.fr/2017/03/15/six-ans-de-guerre-en-syrie-un-effroyable-bilan-3273322-4803.php>.2017/03/15/six-ans-de-guerre-en-syrie-un-effroyable-bilan-3273322-4803.php>.
[561] Simon Adams, *Failure to Protect: Syria and the UN Security Council*, New York, Global Centre for the Responsability to Protect, 2015, à la p 5 [*Adams*].
[562] *Ibid*.
[563] *Adams, supra* note 561 à la p 20.

États Arabes, l'EU, la Turquie et plusieurs autres pays ont publiquement censuré le gouvernement syrien et diplomatiquement isolé ce dernier. En date de mars 2012, plus de 49 pays ont imposé des sanctions ciblées bilatérales et 14 ont fermé leur ambassade à Damas[564].

Après avoir relevé certains problèmes en ce qui concerne les OMP, il est légitime de se demander si, au final, les OMP fonctionnent. La professeure Virginia Page Fortna a précédé à une analyse basée sur les cessez-le-feu des années 90[565] et a comparé les cas où des casques bleus ont été déployés à ceux où les belligérants ont été laissés à leurs propres moyens. La liste comprenait tant les missions basées sur le consentement de l'État hôte que non, et autant les missions de l'ONU que celles non onusiennes, pour un total de 94 cessez-le-feu dans le cadre de 60 guerres civiles. D'après les statistiques qui en sont ressorties, selon l'auteure, le résultat est sans équivoque : les OMP fonctionnent. Des estimations conservatrices montrent que la présence de casques bleus réduit entre 55 et 65% le risque de récidive de guerre par rapport aux cas où les belligérants sont laissés à eux-mêmes. Dans le cas où l'on crédite aux casques bleus le succès d'une paix après que ces derniers se soient retirés, le risque de récidive descend entre 75 à 85%[566]. Ces résultats sont en partie attribuables au fait que les OMP forcent les ennemis à communiquer ensemble et réduit significativement la peur et la méfiance entre les parties.

Cette conclusion est également partagée par les auteurs Michael Doyle et Nicholas Sambanis, lesquels ont analysé tous les processus de paix suite à des guerres civiles de 1945 à 1999, pour un total de 121 cas[567]. Les auteurs arrivent à la conclusion que la mise en place d'un traité et le recours à des casques bleus

---

[564] *Adams, supra* note 561 à la p 11.

[565] Pour la liste complète des cessez-le-feu, voir l'Annexe A aux pp 181 à 184 dans Virginia Page Fortna, *Does Peacekeeping Work?*, Princeton, Princeton University Press, 2008 [*Fortna*].

[566] *Ibid* aux pp 104 à 116 et 172 à 179.

[567] Michael W Doyle et Nicholas Sambanis, *Making War and Building Peace*, Princeton, Princeton University Press, 2006 à la p 72 [*Doyle et Sambanis*].

augmentent grandement les probabilités de succès d'un processus de paix[568]. Dans une étude comme dans l'autre, les auteurs recommandent à l'ONU d'augmenter ses efforts dans le redressement de l'économie des pays touchés par la guerre, notamment à travers un processus de démobilisation, désarmement et réintégration (DDR)[569]. Ainsi, l'économie du pays doit être réorientée vers de nouveaux emplois pour les civils et les anciens combattants. Ces mesures économiques sont cruciales afin de maintenir une paix stable. De plus, l'ONU doit trouver un moyen de mettre fin à la contrebande dans les pays touchés par la guerre civile, laquelle est un facteur puissant de récidive et réduit également l'effet de levier que peut entraîner la présence d'OMP[570].

En somme, malgré les problèmes auxquels sont confrontées les OMP, il subsiste un avenir pour celles-ci, et cela commence par la mise en place d'une stratégie claire et de ressources adéquates. Notre analyse juridique nous a mené aux solutions proposées, mais l'ONU ira aussi loin que ses membres, soit les États, sont prêts à aller, tout particulièrement les membres permanents du Conseil de sécurité.

---

[568] *Doyle et Sambanis, supra* note 567 à la p 336.
[569] *Fortna, supra* note 565 à la p 581; *Doyle et Sambanis, supra* note 567 à la p 337.
[570] *Ibid* à la p 176.

ANNEXE I[571]

List of Peacekeeping Operations 1948 - 2018

Acronym	Mission name	Start Date	End Date
UNTSO	United Nations Truce Supervision Organization	May 1948	Present
UNMOGIP	United Nations Military Observer Group in India and Pakistan	January 1949	Present
UNEF I	First United Nations Emergency Force	November 1956	June 1967
UNOGIL	United Nations Observation Group in Lebanon	June 1958	December 1958
ONUC	United Nations Operation in the Congo	July 1960	June 1964
UNSF	United Nations Security Force in West New Guinea	October 1962	April 1963
UNYOM	United Nations Yemen Observation Mission	July 1963	September 1964
UNFICYP	United Nations Peacekeeping Force in Cyprus	March 1964	Present
DOMREP	Mission of the Representative of the Secretary-General in the Dominican Republic	May 1965	October 1966
UNIPOM	United Nations India-Pakistan Observation Mission	September 1965	March 1966
UNEF II	Second United Nations Emergency Force	October 1973	July 1979
UNDOF	United Nations Disengagement Observer Force	June 1974	Present
UNIFIL	United Nations Interim Force in Lebanon	March 1978	Present
UNGOMAP	United Nations Good Offices Mission in Afghanistan and Pakistan	May 1988	March 1990
UNIIMOG	United Nations Iran-Iraq Military Observer Group	August 1988	February 1991
UNAVEM I	United Nations Angola Verification Mission I	January 1989	June 1991
UNTAG	United Nations Transition Assistance Group	April 1989	March 1990
ONUCA	United Nations Observer Group in Central America	November 1989	January 1992
UNIKOM	United Nations Iraq-Kuwait Observation Mission	April 1991	October 2003
MINURSO	United Nations Mission for the Referendum in Western Sahara	April 1991	Present
UNAVEM II	United Nations Angola Verification Mission II	June 1991	February 1995
ONUSAL	United Nations Observer Mission in El Salvador	July 1991	April 1995
UNAMIC	United Nations Advance Mission in Cambodia	October 1991	March 1992
UNPROFOR	United Nations Protection Force	February 1992	March 1995
UNTAC	United Nations Transitional Authority in Cambodia	March 1992	September 1993
UNOSOM I	United Nations Operation in Somalia I	April 1992	March 1993
ONUMOZ	United Nations Operation in Mozambique	December 1992	December 1994
UNOSOM II	United Nations Operation in Somalia II	March 1993	March 1995
UNOMUR	United Nations Observer Mission Uganda-Rwanda	June 1993	September 1994
UNOMIG	United Nations Observer Mission in Georgia	August 1993	June 2009
UNOMIL	United Nations Observer Mission in Liberia	September 1993	September 1997
UNMIH	United Nations Mission in Haiti	September 1993	June 1996
UNAMIR	United Nations Assistance Mission for Rwanda	October 1993	March 1996
UNASOG	United Nations Aouzou Strip Observer Group	May 1994	June 1994
UNMOT	United Nations Mission of Observers in Tajikistan	December 1994	May 2000
UNAVEM III	United Nations Angola Verification Mission III	February 1995	June 1997
UNCRO	United Nations Confidence Restoration Operation in Croatia	May 1995	January 1996
UNPREDEP	United Nations Preventive Deployment Force	March 1995	February 1999
UNMIBH	United Nations Mission in Bosnia and Herzegovina	December 1995	December 2002
UNTAES	United Nations Transitional Administration for Eastern Slavonia, Baranja and Western Sirmium	January 1996	January 1998
UNMOP	United Nations Mission of Observers in Prevlaka	January 1996	December 2002
UNSMIH	United Nations Support Mission in Haiti	July 1996	July 1997

---

[571] Département de l'information, *List of Peacekeeping Operations*, en ligne : Nations Unies <peacekeeping.un.org/sites/default/files/180413_unpeacekeeping-operationlist_2.pdf>.

Acronym	Mission Name	Start Date	End Date
MINUGUA	United Nations Verification Mission in Guatemala	January 1997	May 1997
MONUA	United Nations Observer Mission in Angola	June 1997	February 1999
UNTMIH	United Nations Transition Mission in Haiti	August 1997	December 1997
MIPONUH	United Nations Civilian Police Mission in Haiti	December 1997	March 2000
UNCPSG	UN Civilian Police Support Group	January 1998	October 1998
MINURCA	United Nations Mission in the Central African Republic	April 1998	February 2000
UNOMSIL	United Nations Observer Mission in Sierra Leone	July 1998	October 1999
UNMIK	United Nations Interim Administration Mission in Kosovo	June 1999	Present
UNAMSIL	United Nations Mission in Sierra Leone	October 1999	December 2005
UNTAET	United Nations Transitional Administration in East Timor	October 1999	May 2002
MONUC	United Nations Organization Mission in the Democratic Republic of the Congo	November 1999	June 2010
UNMEE	United Nations Mission in Ethiopia and Eritrea	July 2000	July 2008
UNMISET	United Nations Mission of Support in East Timor	May 2002	May 2005
MINUCI	United Nations Mission in Côte d'Ivoire	May 2003	April 2004
UNMIL	United Nations Mission in Liberia	September 2003	Mars 2018
UNOCI	United Nations Operation in Côte d'Ivoire	April 2004	May 2017
MINUSTAH	United Nations Stabilization Mission in Haiti	June 2004	October 2017
ONUB	United Nations Operation in Burundi	June 2004	December 2006
UNMIS	United Nations Mission in the Sudan	March 2005	July 2011
UNMIT	United Nations Integrated Mission in Timor-Leste	August 2006	December 2012
UNAMID	African Union-United Nations Hybrid Operation in Darfur	July 2007	Present
MINURCAT	United Nations Mission in the Central African Republic and Chad	September 2007	December 2010
MONUSCO	United Nations Organization Stabilization Mission in the Democratic Republic of the Congo	July 2010	Present
UNISFA	United Nations Organization Interim Security Force for Abyei	June 2011	Present
UNMISS	United Nations Mission in the Republic of South Sudan	July 2011	Present
UNSMIS	United Nations Supervision Mission in Syria	April 2012	August 2012
MINUSMA	United Nations Multidimensional Integrated Stabilization Mission in Mali	April 2013	Present
MINUSCA	United Nations Multidimensional Integrated Stabilization Mission in the Central African Republic	April 2014	Present
MINUJUSTH	United Nations Mission for Justice Support in Haiti	October 2017	Present

ANNEXE II[572]

Désarmement et démobilisation des groupes armés étrangers et congolais et surveillance des moyens dont ils disposent

> ➤ Dissuader toute tentative de recours à la force qui menacerait les processus de Goma et de Nairobi de la part de tout groupe armé, étranger ou congolais, en particulier dans l'est de la République démocratique du Congo, y compris en utilisant des tactiques d'encerclement et de fouille et en engageant toutes actions nécessaires pour prévenir les attaques contre les civils et désorganiser les capacités militaires des groupes armés illégaux qui continuent à faire usage de la violence dans cette région;

> ➤ Coordonner ses opérations avec les brigades intégrées des FARDC déployées dans l'est de la République démocratique du Congo et appuyer les opérations menées par celles-ci et ayant fait l'objet d'une planification conjointe, dans le respect du droit international des droits de l'homme, du droit international humanitaire et du droit des réfugiés, en vue de :

> ➤ Désarmer les groupes armés locaux récalcitrants pour assurer leur participation au processus de désarmement, de démobilisation et de réinsertion ainsi que la libération des enfants attachés à ces groupes armés;

> ➤ Désarmer les groupes armés étrangers pour assurer leur participation au processus de désarmement, de démobilisation, de rapatriement ou de réinstallation et de réinsertion ainsi que la libération des enfants attachés à ces groupes armés;

> ➤ Empêcher la fourniture d'un appui aux groupes armés illégaux, y compris par des moyens tirés d'activités économiques illicites;

> ➤ Faciliter la démobilisation et le rapatriement volontaires des combattants étrangers désarmés et des personnes à leur charge;

> ➤ Contribuer à la mise en œuvre du Programme national de désarmement, démobilisation et réinsertion (DDR) des combattants congolais et des membres de leur famille, une attention particulière étant accordée aux enfants, en surveillant l'opération de désarmement et en assurant le cas échéant la sécurité dans certains secteurs sensibles, ainsi qu'en soutenant les efforts de réinsertion menés par les autorités congolaises en coopération avec l'Équipe de pays des Nations Unies et les partenaires bilatéraux et multilatéraux;

---

[572] Département des opérations de maintien de la paix, *Mission des Nations Unies en République démocratique du Congo - Mandat*, en ligne: Nations Unies < www.un.org/fr/peacekeeping/missions/past/monuc/mandate.shtml>.

➤ Utiliser ses moyens de surveillance et d'inspection pour empêcher les groupes armés illégaux de bénéficier d'un appui provenant du trafic des ressources naturelles,

Formation et accompagnement des FARDC à l'appui de la réforme du secteur de la sécurité

➤ Dispenser une formation militaire, y compris dans le domaine des droits de l'homme, du droit international humanitaire, de la protection de l'enfance et de la prévention de la violence contre les femmes, à divers membres et unités des brigades intégrées des FARDC déployées dans l'est de la République démocratique du Congo, dans le cadre général des actions menées par la communauté internationale pour soutenir la réforme du secteur de la sécurité;

➤ En coordination avec les partenaires internationaux, notamment la Mission de conseil et d'assistance de l'Union européenne en matière de réforme du secteur de la sécurité en République démocratique du Congo (EUSEC) et la Mission de police de l'Union européenne (EUPOL), contribuer aux efforts déployés par la communauté internationale pour aider le Gouvernement congolais à mener à bien la planification initiale de la réforme du secteur de la sécurité, à constituer une armée congolaise crédible, solide et disciplinée et à renforcer les capacités de la Police nationale congolaise et des autres services de maintien de l'ordre;

Sécurité du territoire de la République démocratique du Congo

➤ Observer et rendre compte dans les plus brefs délais de la position des mouvements et groupes armés et de la présence militaire étrangère dans les principales zones d'instabilité, notamment en surveillant l'usage des aérodromes et les frontières, y compris sur les lacs;

➤ Surveiller l'application des mesures visées au paragraphe 1 de la résolution 1807 (2008), en coopération, en tant que de besoin, avec les gouvernements concernés et avec le groupe d'experts créé par la résolution 1533 (2004), y compris en inspectant, autant qu'elle l'estime nécessaire et sans préavis, les cargaisons des aéronefs et de tout véhicule de transport passant par les ports, aéroports, terrains d'aviation, bases militaires et postes frontière du Nord et du Sud-Kivu et de l'Ituri;

➤ Saisir ou recueillir, selon qu'il conviendra, les armes et tout matériel connexe dont la présence sur le territoire de la République démocratique du Congo contreviendrait aux mesures visées au paragraphe 1 de la résolution 1807 (2008), et faire ce qu'il convient de ces armes et de ce matériel;

➤ Aider les autorités douanières compétentes de la République démocratique du Congo à mettre en œuvre les dispositions du paragraphe 8 de la résolution 1807 (2008);

➤ Aider le Gouvernement de la République démocratique du Congo à accroître sa capacité de déminage;

BIBLIOGRAPHIE

I. Documentation internationale

A- Traités internationaux

- *Charte des Nations Unies*, 26 juin 1945, 15 C.N.U.C.I.O. 365, RT Can 1945 n° 7 (entrée en vigueur : 24 octobre 1945).
- *Convention de Genève pour l'amélioration du sort des blessés et des malades dans les forces armées en campagne*, 12 août 1949, 75 R.T.N.U. 31 (entrée en vigueur : 21 octobre 1950).
- *Convention de Genève pour l'amélioration du sort des blessés, des malades et des naufragés des forces armées sur mer*, 12 août 1949, 75 R.T.N.U. 85 (entrée en vigueur : 21 octobre 1950).
- *Convention de Genève relative au traitement des prisonniers de guerre*, 12 août 1949, 75 R.T.N.U. 135 (entrée en vigueur : 21 octobre 1950).
- *Convention de Genève relative à la protection des personnes civiles en temps de guerre*, 12 août 1949, 75 R.T.N.U. 287 (entrée en vigueur : 21 octobre 1950).
- *Convention (I) relative au règlement pacifique des conflits internationaux*, 18 octobre 1907 (entrée en vigueur : 11 juillet 1910).
- *Convention (III) de la Haye relative à l'ouverture des hostilités*, 18 octobre 1907 (entrée en vigueur : 26 janvier 1910).
- *Convention (IV) de la Haye concernant les lois et coutumes de la guerre sur terre*, 18 octobre 1907 (entrée en vigueur : 26 janvier 1910).
- *Convention (V) de la Haye sur les Puissances neutres en cas de guerre sur terre*, 18 octobre 1907 (entrée en vigueur : 26 janvier 1910).
- *Convention (VI) de la Haye sur le régime des navires de commerce ennemis*, 18 octobre 1907 (entrée en vigueur : 26 janvier 1910).
- *Convention (VII) de la Haye sur la transformation des navires de commerce en bâtiments de guerre*, 18 octobre 1907 (entrée en vigueur : 26 janvier 1910).
- *Convention (VIII) de la Haye sur les mines sous-marines*, 18 octobre 1907 (entrée en vigueur : 26 janvier 1910).
- *Convention (IX) de la Haye sur le bombardement par les forces navales*, 18 octobre 1907 (entrée en vigueur : 26 janvier 1910).
- *Convention (XI) de la Haye relative à des restrictions du droit de capture*, 18 octobre 1907(entrée en vigueur : 26 janvier 1910).
- *Convention (XIII) de la Haye sur les Puissances neutres en cas de guerre maritime*, 18 octobre 1907 (entrée en vigueur : 26 janvier 1910).
- *Déclaration (XIV) de la Haye interdisant les projectiles lancés de ballons*, 18 octobre 1907 (entrée en vigueur : 27 novembre 1909).

- *Convention internationale contre le recrutement, l'utilisation, le financement et l'instruction des mercenaires*, 4 décembre 1989, 2163 R.T.N.U. 103 (entrée en vigueur : 20 octobre 2001).
- *Convention pour la prévention et la répression du crime de génocide*, 9 décembre 1948, 78 R.T.N.U. 277 (entrée en vigueur : 12 janvier 1951).
- *Convention sur les privilèges et immunités des Nations Unies*, 13 février 1946, 1 R.T.N.U. 17 (entrée en vigueur : 17 septembre 1946).
- *Déclaration (IV,2) de la Haye interdisant les gaz asphyxiants*, 29 juillet 1899 (entrée en vigueur : 4 septembre 1900).
- *Déclaration de la Haye (IV,3) interdisant les balles qui s'aplatissent*, 29 juillet 1899 (entrée en vigueur : 4 septembre 1900).
- *Protocole additionnel aux Conventions de Genève du 12 août 1949 relatif à la protection des victimes des conflits armés internationaux*, 8 juin 1977, 1125 R.T.N.U. 3 (entrée en vigueur : 7 décembre 1978).
- *Protocole additionnel aux Conventions de Genève du 12 août 1949 relatif à la protection des victimes des conflits armés non internationaux*, 8 juin 1977, 1125 R.T.N.U. 609 (entrée en vigueur : 7 décembre 1978).
- *Statut de Rome de la Cour pénale internationale*, 17 juillet 1998, 2187 R.T.N.U. 3 (entrée en vigueur : 1er juillet 2002).
- *Statut du tribunal spécial pour la Sierra Leone*, Organisation des Nations unies et Sierra Leone, 16 janvier 2002, 2178 R.T.N.U. 161.

B – Jurisprudence internationale

- *Certaines dépenses des Nations Unies (article 17, paragraphe 2, de la Charte)*, Avis consultatif, [1962] CIJ rec 151.
- *Différend relatif à l'immunité de juridiction d'un rapporteur spécial de la Commission des droits de l'homme*, Avis consultatif, [1990] CIJ rec 1999.
- *Procureur c. Delalic et consorts, (Camp de Celebici)*, IT-96-21-A, Arrêt (20 février 2001), (TPIY, Chambre d'appel).
- *Procureur c. Furundzija*, IT-95-17/1-T, Jugement (10 décembre1998), (TPIY, Chambre de première instance).
- *Procureur c. Issa Hassan Sesay, Morris Kallon, Augustine Gbao*, Affaire SCSL-04-15-T, Chambre I, Tribunal spécial pour la Sierra Leone, jugement du 2 mars 2009.
- *Procureur c. Jean-Paul Akayesu*, ICTR-96-4-T, Jugement (2 septembre 1998), (TPIR, Chambre de première instance).
- *Procureur c. Kunarac et consorts*, IT-96-23-A et IT-96-23/1-T, Jugement, (22 février 2002), (TPIY, Chambre de première instance).
- *Prosecutor v. Dusko Tadic*, IT-94-1-A, Arrêt (15 juillet 1999), (TPIY, Chambre d'appel).
- *Questions concernant l'obligation de poursuivre ou d'extrader (Belgique c. Sénégal)*, arrêt, CIJ rec 2012.
- *Réparations des dommages subis au service des Nations Unies*, Avis consultatif, [1949] CIJ rec 174.

C- <u>Résolutions des organisations internationales</u>

- Assemblée générale, *Barème des quotes-parts pour la répartition des dépenses de l'Organisation des Nations Unies*, 11 février 2013, Doc NU A/RES/67/238 (2013).
- Assemblée générale, *Budget-programme pour l'exercice biennal 2016-2017*, Rés. AG 70/249, Doc. Off. AG NU, 70e sess., Doc. NU A/70/6/Add.1 (2016).
- Assemblée générale, *Crédits approuvés au titre des opérations de maintien de la paix pour l'exercice allant du 1er juillet 2017 au 30 juin 2018*, Rés. AG 49/233, Doc. Off. AG NU, 71e sess., Doc. NU A/C.5/71/24 (2017).
- Assemblée générale, *Demandes d'indemnisation au titre de la responsabilité civile: limitations temporelles et financières*, 17 juillet 1998, Doc NU A/RES/52/247 (1998).
- Assemblée générale, *Résolution adoptée par le Conseil des droits de l'homme le 24 mars 2017 sur la situation des droits de l'homme au Myanmar*, 3 avril 2017, Doc NU A/HRC/RES/34/22 (2017).
- Assemblée générale, *Responsabilité pénale des fonctionnaires et des experts en mission des Nations Unies*, Rés. AG 63/119, Doc. Off. AG NU, 63e sess., Doc. NU A/RES/63/119 (2009).
- Conseil de sécurité, *Opération de maintien de la paix*, 21 janvier 2013, Doc NU S/RES/2086 (2013).
- Conseil de sécurité, *Resolution 161 about the Congo Question*, 21 février 1961, Doc NU S/RES/161 (1961).
- Conseil de sécurité, *Resolution 341 about the Establishment of the United Nations Emergency Force (UNEF)*, 27 octobre 1973, Doc NU S/RES/341 (1973).
- Conseil de sécurité, *Résolution 1325 du Conseil de sécurité sur les femmes, la paix et la sécurité*, 31 octobre 2000, Doc NU S/RES/1325 (2000).
- Conseil de sécurité, *Resolution 1410 about the Establishment of United Nations Mission of Support in East Timor (UNMISET)*, 17 mai 2002, Doc NU S/RES/1410 (2002).
- Conseil de sécurité, *Résolution 1422 sur le maintien de la paix par les Nations Unies*, 12 juillet 2002, Doc NU S/RES/1422 (2002).
- Conseil de sécurité, *Résolution 1509 du Conseil de sécurité sur la création de la Mission des Nations Unies au Libéria (MINUL)*, 19 septembre 2003, Doc NU S/RES/1509 (2003).
- Conseil de sécurité, *Resolution 1528 about the Establishment of United Nations Operation in Côte d'Ivoire (UNOCI)*, 27 février 2004, Doc NU S/RES/1528 (2004).
- Conseil de sécurité, *Résolution 1542 du Conseil de sécurité sur la création de la Mission des Nations Unies pour la stabilisation en Haïti (MINUSTAH)*, 30 avril 2004, S/RES/1542 (2004).

- Conseil de sécurité, *Resolution 1545 about the Establishment of United Nations Operation in Burundi (ONUB)*, 21 mai 2004, Doc NU S/RES/1545 (2004).

- Conseil de sécurité, *Resolution 1590 about the Establishement of United Nations Mission in the Sudan (UNMIS)*, 24 mars 2005, Doc NU S/RES/1590 (2005).

- Conseil de sécurité, *Résolution 1612 du Conseil de sécurité sur les enfants et les conflits armés*, 26 juillet 2005, Doc NU S/RES/1612 (2005).

- Conseil de sécurité, *Résolution 1674 du Conseil de sécurité sur la protection des populations civiles dans les conflits armés*, 28 avril 2006, Doc NU S/RES/1674 (2006).

- Conseil de sécurité, *Resolution 1704 about the Establishment of United Nations Integrated Mission in Timor-Leste (UNMIT)*, 25 août 2006, Doc NU S/RES/1704 (2006).

- Conseil de sécurité, *Resolution 1769 about the Establishement of African Union-United Nations Hybrid Operation in Darfur (UNAMID)*, 31 juillet 2007, Doc NU S/RES/1769 (2007).

- Conseil de sécurité, *Resolution 1778 about the Establishment of United Nations Mission in the Central African Republic and Chad (MINURCAT)*, 25 septembre 2007, Doc NU S/RES/1778 (2007).

- Conseil de sécurité, *Résolution 1908 du Conseil de sécurité sur l'augmentation de l'effectif global de la force de la MINUSTAH aux fins de l'appui aux efforts immédiats de relèvement, de reconstruction et de stabilisation*, 19 janvier 2010, Doc NU S/RES/1908 (2010).

- Conseil de sécurité, *Resolution 1925 about the Establishment of United Nations Organization Stabilization Mission in the Democratic Republic of the Congo (MONUSCO)*, 28 mai 2010, Doc NU S/RES/1925 (2010).

- Conseil de sécurité, *Résolution 1973 du Conseil de sécurité sur la situation en Jamahiriya arabe libyenne*, 17 mars 2011, Doc NU S/RES/1973 (2011).

- Conseil de sécurité, *Resolution 1990 about the Establishement of United Nations Organization Interim Security Force for Abyei (UNISFA)*, 27 juin 2011, Doc NU S/RES/1990 (2011).

- Conseil de sécurité, *Resolution 1996 about the Establishment of United Nations Mission in the Republic of South Sudan (UNMISS)*, 8 juillet 2011, Doc NU S/RES/1996 (2011).

- Conseil de sécurité, *Resolution 2043 about the Establishment of United Nations Supervision Mission in Syria (UNSMIS)*, 21 avril 2012, Doc NU S/RES/2043 (2012).

- Conseil de sécurité, *Resolution 2100 about the Establishment of United Nations Multidimensional Integrated Stabilization Mission in Mali (MINUSMA)*, 25 avril 2013, Doc NU S/RES/2100 (2013).

- Conseil de sécurité, *Résolution 2127 du Conseil de sécurité sur la création de la Mission internationale de soutien à la Centrafrique sous conduite africaine (MISCA) et du déploiement des forces françaises*, 5 décembre 2013, Doc NU S/RES/2127 (2013).

- Conseil de sécurité, *Résolution 2147 sur la République démocratique du Congo*, 28 mars 2014, Doc NU S/RES/2147 (2014).
- Conseil de sécurité, *Résolution 2149 du Conseil de sécurité sur la création de la Mission multidimensionnelle intégrée des Nations Unies pour la stabilisation en République centrafricaine (MINUSCA)*, 10 avril 2014, Doc NU S/RES/2149 (2014).
- Conseil de sécurité, *Résolution 2295 du Conseil de sécurité sur le Mali*, 29 juin 2016, Doc NU S/RES/2295 (2016).
- *Déclaration universelle des droits de l'homme*, Rés. AG 217 (III), Doc. off AG NU, 3e sess., supp. n 013, Doc. NU A/81O (1948) 71.

D- Publications internationales

- Assemblée générale des Nations Unies, *2005 World Summit Outcome*, 24 octobre 2005, Doc NU A/RES/60/1 (2005).
- Assemblée générale des Nations Unies, *A Comprehensive Strategy to Eliminate Future Sexual Exploitation and Abuse in United Nations Peacekeeping Operations* [Rapport Zeid], Doc NU A/59/710 (24 mars 2005).
- Assemblée Générale des Nations Unies, *Procedures in place for implementation of article VIII, section 29, of the Convention on the Privileges and Immunities of the United Nations*, 24 avril 1995, Doc NU A/C.5/49/65 (1995).
- Assemblée générale des Nations Unies, *Rapport de l'Expert indépendant sur la situation des droits de l'homme en Haïti*, 12 février 2016, Doc NU A/HRC/31/77 (2016).
- Assemblée générale des Nations Unies, *Rapport du Comité spécial des opérations de maintien de la paix et de son Groupe de travail*, Doc NU A/60/19 (22 mars 2006).
- Assemblée générale des Nations Unies, *Rapport du Groupe de personnalités de haut niveau sur les menaces, les défis et le changement*, Doc NU A/59/565 (2 décembre 2004).
- Assemblée générale des Nations Unies, *Rapport du Rapporteur spécial sur l'extrême pauvreté et les droits de l'homme*, Doc NU A/71/367 (26 août 2016).
- Assemblée générale des Nations Unies, *Second and Final Report of the Secretary-General on the Plan for an Emergency International United Nations Force Requested in Resolution 998 (ES-I)*, Doc NU A/3302 (6 novembre 1957).

- Assemblée générale des Nations Unies, *Stratégie globale d'appui aux missions*, Doc NU A/64/633 (26 janvier 2010).

- Boutros-Ghali, Boutros. *An Agenda for Peace, Report of the Secretary-General pursuant to the statement adopted by the Summit Meeting of the Security Council on 31 January 1992*, Doc NU A/47/277-S/24111 (17 juin 1992).

- Commission du droit international, *Projet de code des crimes contre la paix et la sécurité de l'humanité et commentaires y relatifs*, ONU, New York, 1996.

- Commission du droit international, *Projet d'articles sur la responsabilité de l'État pour fait internationalement illicite*, ONU, New York, 2001.

- Commission du droit international, *Projet d'articles sur la responsabilité des organisations internationales*, ONU, New York, 2011.

- Commission du droit international, *Projet d'articles sur la responsabilité des organisations internationales et commentaires y relatifs*, ONU, New York, 2011.

- Conseil de sécurité des Nations Unies, *Rapport du Groupe d'étude sur les opérations de paix de l'Organisation des Nations Unies* [Rapport Brahimi], Doc NU A/55/305 (21 août 2000).

- Conseil de sécurité, *Rapport du Secrétaire général au Conseil de sécurité sur la protection des civils en période de conflit armé*, 8 septembre 1999, Doc NU S/1999/957 (1999).

- Conseil de sécurité, *Report of the Independent Inquiry into the Actions of the United Nations During the 1994 Genocide in Rwanda*, 16 décembre 1999, Doc NU S/1999/1257 (1999).

- CPI, Assemblée des États Parties, 13e session, *Budget-programme approuvé pour 2015 de la Cour pénale internationale*, Doc off ICC-ASP/13/20 (2015).

- Cravioto, Alejandro et al. Rapport indépendant, « Final Report of the Independent Panel of Experts on the Cholera Outbreak in Haiti » (4 mai 2011), en ligne: Nations Unies <www.un.org/News/dh/infocus/haiti/UN-cholera-report-final.pdf>.

- Département de l'information, *Le système des Nations Unies*, Doc NU DPI/2470 Rev.4 Octobre 2015, en ligne : <www.un.org/fr/aboutun/structure/pdf/un-system-chart-2015-11x17-colour.pdf>.

- Department of Field Support, « Update on allegations of sexual exploitation and abuse in united nations peacekeeping operations and special political missions » (17 mai 2016), en ligne: Nations Unies <www.un.org/en/peacekeeping/documents/updatesea.pdf>.

- Department of Public Information, *Fact Sheet - United Nations Peacekeeping Operations*, DPI/1634/Rev.189 Février 2017, en ligne: <www.un.org/en/peacekeeping/documents/bnotelatest.pdf>.

- Department of Public Information, *Monthly Summary of Military And Police Contribution to United Nations Operations*, en ligne: <peacekeeping.un.org/sites/default/files/msr_may_2018_1.pdf>.

- Département des opérations du maintien de la paix, « Haiti : 6 months after… » (2010), en ligne : Nations Unies <www.un.org/en/peacekeeping/missions/minustah/documents/6_months_after_commemoration.pdf>.

- Département des opérations de maintien de la paix, *Implementation of amendments on conduct and discipline in the model Memorandum of Understanding between the United Nations and Troop Contributing Countries*, 28 février 2011, Doc NU PK/G/2011.01 (2011).

- Département des opérations du maintien de la paix, « Principes et Orientations des opérations de maintien de la paix de l'ONU : « la Doctrine Capstone» » (2008), en ligne : Nations Unies <www.un.org/fr/peacekeeping/documents/capstone_doctrine_fr.pdf>.

- Département des opérations du maintien de la paix, « Un partenariat renouvelé : définir un nouvel horizon pour les opérations de maintien de la paix des Nations Unies » (17 juillet 2009), en ligne : Nations Unies <www.un.org/fr/peacekeeping/documents/nh_fr_rev_temp.pdf>.

- Département des opérations du maintien de la paix, « The New Horizon Initiative : Progress report no.1 » (octobre 2010), en ligne : Nations Unies <www.un.org/en/peacekeeping/documents/newhorizon_update01.pdf>.

- Département des opérations du maintien de la paix, « The New Horizon Initiative: Progress report no.2» (décembre 2011), en ligne : Nations Unies <www.un.org/en/peacekeeping/documents/newhorizon_update02.pdf>.

- Deschamps, Marie, Hassan B. Jallow et Yasmin Sooka. Rapport indépendant, « Taking Action on Sexual Exploitation and Abuse by Peacekeepers » (17 décembre 2015), en ligne : Nations Unies <www.un.org/News/dh/infocus/centafricrepub/Independent-Review-Report.pdf>.

- Enquête indépendante des Nations Unies sur le Burundi, *Rapport de l'enquête indépendante des Nations Unies sur le Burundi (EINUB) établie conformément à la résolution S-24/1 du Conseil des droits de l'homme*, 20 septembre 2016, Doc NU A/HRC/33/37.

- High-Level Independent Panel on United Nations Peace Operations. Rapport indépendant, « Uniting Our Strengths for Peace – Politics, Partnerships, and People » (16 juin 2015), en ligne: Future of UN Peace

Operations <peaceoperationsreview.org/wp-content/uploads/2015/08/HIPPO_Report_1_June_2015.pdf>.

- Office of Internal Oversight Services. Rapport indépendant, « Evaluation of the Enforcement and Remedial Assistance Efforts for Sexual Exploitation and Abuse by the United Nations and Related Personnel in Peacekeeping Operations » (15 mai 2015), en ligne: Nations Unies *<oios.un.org/page/download2/id/13>*.

- Secrétaire général, *Activités du Secrétaire général en Haïti les 14 et 15 juillet 2014*, 18 juillet 2014, Doc NU SG/T/2967 (2014).

- Secrétariat des Nations Unies, *Circulaire du Secrétaire général : Respect du droit international humanitaire par les forces des Nations Unies*, 6 août 1999, doc NU ST/SGB/1999/13 (1999).

- Secrétariat des Nations Unies, *Circulaire du Secrétaire général sur les dispositions spéciales visant à prévenir l'exploitation et les abus sexuels*, Doc NU ST/SGB/2003/13 (9 octobre 2003).

- Secrétariat des Nations Unies, *Circulaire du Secrétaire général sur la protection contre les représailles des personnes qui signalent des manquements et qui collaborent à des audits ou à des enquêtes dûment autorisés*, Doc NU ST/SGB/2017/2 (20 janvier 2017).

- Secrétariat des Nations Unies, *Modèle d'accord sur le statut des forces pour les opérations de maintien de la paix*, Doc. off. AG NU, 45· sess., Ordre du jour, point 76, Doc. NU A/45/594 (1990).

- Secrétariat des Nations Unies, *Report of the Secretary-General on the Implementation of Security Council Resolution 340 (1973)*, Doc NU S/11052/Rev.1 (27 octobre 1973).

- Secrétariat des Nations Unies, *Report of the Secretary General on the Implementation of the Report of the Panel on United Nations Peace Operations*, 20 octobre 2000, Doc NU A/55/502 (2000).

- Secrétariat des Nations Unies, *Report to the General Assembly in Persuance of General Assembly Resolution 1123 (XI) on Isaeli Withdrawal*, Doc NU 3512/1957 (24 janvier 1957).

- Secrétariat des Nations Unies, *Transcript of Press Conference by Secretary-general Kofi Annan At United Nations Headquarters on 16 July*, 16 juillet 1997, Doc NU SG/SM/6285 (1997).

- UN Women. Rapport indépendant, « A Global Study on the Implementation of United Nations Security Council resolution 1325 » (12 octobre 2015), en ligne: <wps.unwomen.org/~/media/files/un%20women/wps/highlights/unw-global-study-1325-2015.pdf>.

II. Documentation nationale

A-   Législation nationale

- *Loi sur la défense nationale*, L.R.C. 1985, c. N-5, art. 130.
- *Code de procédure pénale de la France,* art. 697 à 698.
- *Uniform Code of Military Justice,* 10, USC, § 877-934.

B-   Jurisprudence nationale

Belgique
- Tribunal civil de Bruxelles, 11 mai 1966, *Manderlier c ONU et État Belge*, (1966) Journal des tribunaux 723 (Belgique).

Canada
- *R. v Brocklebank*, 2 avril 1996, 134 D.L.R. (4th) 377
- *R. v Seward*, 27 mai 1996, 36 C.C.R. (2d) 294.

États-Unis
- *United States v Ronghi*, 27 mai 2003, No. ARMY 20000635 (A. Ct. Crim. App.).
- *United States v Ronghi*, 30 juin 2004, No. 03-0520, 60 MJ 83.
- *Georges v United Nations*, 13-CV-7146 (NY Dist Ct 2015).
- *Georges v United Nations,* 15-455-CV (US Ct of Appeals, 2nd Circuit 2016).
- *LaVenture et al v United Nations et al*, 14-cv-01611 (NY Dist Ct 2014).

Israël
- Cour d'Haïfa, *Israël v Papa Coli Bendista Saar*, 10 mai 1979, AJNU, 1979, p. 205-210.

Pays-Bas

- Court of Appeal of The Hague, Hague, 27 juin 2017, *Stichting Mothers of Srebrenica v The State of Netherlands*, No 200.158.313/01, 200.160.317/01.
- Supreme Court of the Netherlands, Hague, 6 septembre 2013, *The State of Netherlands v Hasan Nuhanovic*, No 12/03324 (Pays-Bas).

III. Doctrine et autres documents

A-   Ouvrages généraux

- Alland, Denis. *Manuel de droit international public*, 4e éd., Paris, Puf, 2017.
- Arbour Jean-Maurice et Geneviève Parent. *Droit international public*, 6e édition, Cowansville, Yvon Blais, 2012.
- Ascensio, Hervé, Emmanuel Decaux et Alain Pellet. *Droit international pénal*, 2e éd, Paris, Pedone, 2012.
- Ben Salah, Tabrizi. *Institutions internationales*, Paris, Armand Colin, 2005.
- Biad, Abdelwahab. *Droit international humanitaire*, 2e éd, Paris, Ellipse, 2006.
- Brownlie, Ian. *Principles of Public International Law*, 7th ed., Oxford, Oxford University Press, 2008.
- Carreau, Dominique et Fabrizio Marrella. *Droit international*, 11e éd, Paris, Pedone, 2012.
- Cassese, Antonio. *International Law*, 2nd ed, Oxford, Oxford University Press, 2005.
- Charpentier, Jean. *Institutions internationales*, 19e éd, Paris, Dalloz, 2015.
- Combacau, Jean et Serge Sur. *Droit international public*, 11e éd, Paris, Montchrestien, 2014.
- Corten, Olivier. *Le droit contre la guerre*, 2e éd, Paris, Pedone, 2014.
- D'Aspremont, Jean et Jérôme de Hemptinne. *Droit international humanitaire*, Paris, Pedone, 2012.
- Daillier, Patrick, Mathias Forteau et Alain Pellet. *Droit international public*, 8e éd, Paris, L.G.D.J., 2009.
- Devin, Guillaume, et Marie-Claude Smouts. *Les organisations internationales*, Paris, Armand Colin, 2011.
- Dupuy, Pierre-Marie et Yann Kerbrat. *Droit international public*, 12e éd, Paris, Dalloz, 2014.
- Dupuy, Pierre-Marie. *Obligations multilatérales, droit impératif et responsabilité internationale des États*, Paris, Pedone, 2003.
- Hassner, Pierre et Frédéric Charillon. *Les relations internationales*, 2e éd., Paris, La documentation Française, 2012.
- Kolb, Robert et Gloria Gaggioli. *Research Handbook on Human Rights and Humanitarian Law*, Cheltenham, Edward Elgar Publishing, 2013.
- Lagrange, Evelyne, et Jean-Marc Sorel. *Droit des organisations internationales*, Paris, L.G.D.J., 2013.
- Rebut, Didier. *Droit pénal international*, 2e éd, Paris, Dalloz, 2014.
- Sassòli, Marco, Antoine Bouvier et Anne Quintin. *Un droit dans la guerre?* 2e éd, Genève, CICR, 2012, 3 volumes.

- Sayeman, Bula-Bula. *Droit international humanitaire*, Louvain-la Neuve, Bruylant, 2010.

B-   Monographies

- Adams, Simon. *Failure to Protect: Syria and the UN Security Council*, New York, Global Centre for the Responsability to Protect, 2015
- Carnegie Corporation of New York. *Preventing Deadly Conflict – Final Report*, New York, Carnegie Corporation of New York, 1997.
- Clark, Greenville, et Louis Sohn. *Introduction to World Peace through World Law*, Cambridge, Harvard University Press, 1958.
- Comité international de la Croix-Rouge. *Droit international humanitaire coutumier*, Bruxelles, Bruylant, 2006.
- Conetta, Carl et Charles Knight. *Design for a 15,000-person UN Legion*, Cambridge, Massachusetts, Commonwealth Institute, 1995.
- Conetta, Carl et Charles Knight. *Vital Force: A proposal for the Overhaul of the UN Peace Operations System and for the Creation of a UN Legion*, Cambridge, Massachusetts, Commonwealth Institute, 1995.
- Coulon, Jocelyn et Michel Liégeois. « Qu'est-il advenu du maintien de la paix ? L'avenir d'une tradition » (2010) Institut Canadien de la Défense et des Affaires Étrangères, document de travail, en ligne : <www.operationspaix.net/DATA/DOCUMENT/416~v~Qu_est-il_advenu_du_maintien_de_la_paix__L_avenir_d_une_tradition.pdf>.
- Cot, Jean-Pierre, Alain Pellet et Mathias Forteau, dir. *La charte des Nations Unies : Commentaire article par article*, 3e éd, Volumes I et II, Paris, Economica, 2005.
- Dallaire, Roméo. *J'ai serré la main du diable*, Outremont, Éditions Libre Expression, 2003.
- David, Charles-Philippe. *La guerre et la paix : Approches contemporaines de la sécurité et de la stratégie,* Paris, Presses de Sciences Po, 2006.
- David, Éric. *Principes de droit des conflits armés*, 5e éd., Bruxelles, Bruylant, 2012.
- Deyra, Michel. *Le droit dans la guerre*, Paris, Gualino, 2009.
- Diehl, Paul F. *International Peacekeeping*, Baltimore, Baltimore, Johns Hopkins University Press, 1994.
- Doyle, Michael W et Nicholas Sambanis. *Making War and Building Peace*, Princeton, Princeton University Press, 2006.
- Ferstman, Carla. *Special Report - Criminalizing Sexual Exploitation and Abuse by Peacekeepers*, Washington DC, United States Institute of Peace, 2013.
- Fortna, Virginia Page. *Does Peacekeeping Work?*, Princeton, Princeton University Press, 2008.

- Goldstein, Joshua S. *Winning the War on War: The Decline of Armed Conflict Worldwide*, New York, Penguin, 2011.
- Gouvernement du Canada, *Towards a Rapid Reaction Capability: Report of the Government of Canada*, Ottawa, 1995.
- Gunder, A.W. *The Utility Of Expanding The United Nations Permanent Military Force*, Quantico, Virginia, United States Marine Corps, 1995.
- Herro, Annie. *UN Emergency Peace Service and the Responsibility to Protect*, Routledge, Abingdon, 2015.
- Kinloch, Stephen Pichat. *A UN 'Legion': Between Utopia and Reality*, Abingdon, Routledge, 2004.
- Lagrange, Evelyne. *Les opérations de maintien de la paix et le chapitre VII de la charte des Nations Unies*, Paris, Montchrestien, 1999.
- Langille, Peter H. *Developing a United Nations Emergency Peace Service: Meeting Our Responsibilities to Prevent and Protect*, Basingstoke, Palgrave Macmillan, 2016.
- Morgenthau, Hans. *Politics Among Nations: The Struggle for Power and Peace*, Brief Edition, Boston, McGraw Hill, 1993.
- Nations Unies, *Annuaire juridique des Nations Unies de 2001*, New York, Publications des Nations unies, 2008.
- Østensen, Åse Gilje. *UN Use of Private Military and Security Companies: Practices and Policies*, Genève, The Geneva Centre for the Democratic Control of Armed Forces, 2011.
- Patterson, Malcom Hugh. *Privatising Peace: A Corporate Adjunct to United Nations Peacekeeping and Humanitarian Operations*, Basingstoke, Palgrave Macmillan, 2009.
- Petit, Yves. *Droit international du maintien de la paix*, Paris, L.G.D.J., 2000.
- Powles, Anna et Negar Partow. *United Nations Peacekeeping Challenge: The Importance of the Integrated Approach*, New York, Routledge, 2016.
- Sassòli, Marco et Antoine A. Bouvier. *Un droit dans la guerre?*, Genève, CICR, 2012.
- Suthanthiraraj, Kavitha. *United Nations Peacekeeping Missions: Enhancing Capacity for Rapid and Effective Troop Deployment, Global Action To Prevent War*, 2008, en ligne: <www.globalactionpw.org/wp/wp-content/uploads/troop-deployment-paper.pdf>.
- Tshiyembe, Mwayila. *Organisations internationales - Théorie générale et étude de cas*, Paris, Harmattan, 2012.
- Union européenne, *Comprendre les politiques de l'Union européenne – Budget*, Luxembourg, Office des publications de l'Union européenne, 2014.
- Zašova, Svetlana. *Le cadre juridique de l'action des casques bleus,* Paris, Publications de la Sorbonne, 2014.

C - Articles publiés dans des ouvrages collectifs

- Amann, Diane Marie. « La justice militaire et les Juridictions d'exception aux États-Unis » dans Elisabeth Lambert-Abdelgawad, dir., *Juridictions militaires et tribunaux d'exceptions en mutation*, Paris, Éditions des archives contemporaines, 2007, à la p 269.
- Langille, Peter H. « La Brigade multinationale d'intervention rapide des forces en attente des Nations Unies (BIRFA) : est-elle perfectible? » dans Jocelyn Coulon, dir, *Guide du maintien de la paix 2004*, Outremont, Athéna éditions, 2004.
- Langille, Peter H. « Preventing Genocide » dans Amanda Gryzb, dir., *The World and Darfur : International Response to Crimes against Humanity in Western Sudan*, Montréal, McGill Queens University Press, 2009.
- Lantagne, Daniele, et al. « The Cholera Outbreak in Haiti: Where and how did it begin? » dans G. Balakrish Nair et Yoshifumi Takeda, dir., *Current Topics in Microbiology and Immunology - Cholera Outbreaks*, Berlin, Springler, 2013.
- Roch, François. « Réflexion sur les évolutions possibles et nécessaires du paradigme onusien : peut-on envisager une réforme majeure du système? » dans *Mélanges en l'honneur du Professeur Auguste Mampuya*, 2015/2016 (en préparation).

D- Articles de périodique

- Bachand, Rémi et Mouloud Idir. « La « responsabilité de protéger » et l'alliance entre naïfs de service et rhétoriciens de l'impérialisme » (2012) 72 Mouvements 89.
- Bleckner, Julia. « From Rhetoric to Reality: A Pragmatic Analysis of the Integration of Women into UN Peacekeeping Operations » (2013) 17 J Intl Peacekeeping 337.
- Bode, Thomas G. « Cholera in Haiti: United Nations Immunity and Accountability » (2015) 47 Geo. J. Int'l L. 759.
- Boon, Kristen E. « The United Nations as Good Samaritan: Immunity and Responsibility » (2015-2016) 16 Chi. J. Int'l L. 341.
- Bugnon, François. « Droit de Genève et droit de la Haye » (2001) 83 Revue Intl Croix-Rouge 901.
- Bures, Oldrich. « Private Military Companies: A Second Best Peacekeeping Option? » (2005) 12:4 International Peacekeeping 533 à la p 533.
- Condorelli, Luigi. « De la responsabilité internationale de l'ONU et/ou de l'État d'envoi lors d'actions de Forces de Maintien de la Paix: l'écheveau de l'attribution (double?) devant le juge néerlandais » (2014) 1 QIL 3.
- Coulon, Jocelyn. « La politique de défense et le maintien de la paix: le Canada peut-il faire plus? Et Comment? » (1998-1999) 54 Int'l J. 106.

- Defeis, Elizabeth F. « U.N. Peacekeepers and sexual abuse and exploitation: an end to impunity » (2008) 7 Wash. U. Global Stud. L. Rev. 185.
- Flood, Patrick J. « A Next Rwanda? A Next Iraq? Military Intervention in the 21st Century » (2005) 11 ILSA J. Int'l & Comp. L. 379.
- Freedman, Rosa. « UN Immunity or Impunity? A Human Rights Based Challenge » (2014) 25:1 European J of Intl L 239.
- Gray, Christine. « Peacekeeping After the Brahimi Report: Is There a Crisis of Credibility for the UN? » (2001) 6:2 J of Conflict and Security Law 267.
- Harrington, Alexandra R. « Prostituting peace: the impact of sending state's legal regimes on U.N. Peacekeeper behavior and suggestions to protect the populations peacekeepers guard » (2008) 17 J. Transnat'l L. & Pol'y 217.
- Harrington, Alexandra R. « Victims of peace: current abuse allegations against U.N. Peacekeepers and the role of law in preventing them in the future » (2005) 12 ILSA J. Int'l & Comp. L. 125.
- Herro, Annie, Wendy Lambourne et David Penklis. « Peacekeeping and Peace Enforcement in Africa: The Potential Contribution of a UN Peace Emergency Service » (2009) 18:1 African Security Review 49.
- Herro, Annie. « The Responsibility to Protect, the Use of Force and a Permanent United Nations Peace Service » (2015) 19:8 Intl J Human Rights 1148.
- Jeangène Vilmer, Jean-Baptiste. « Crimée : les contradictions du discours russe » (2015) 1 Politique étrangère 159.
- Karim, Sabrina, et Kyle Beardsley, « Explaining sexual exploitation and abuse in peacekeeping missions: The role of female peacekeepers and gender equality in contributing countries » (2016) 53:1 J Peace Research 100.
- Kennedy, Paul, et Bruce Russett. « Reforming the United Nations » (1995) 74 Foreign Aff. 56.
- Kinloch, Stephen Pichat. « Utopian or Pragmatic? A UN Permanent Military Volunteer Force » (1995-1996) 3 Int'l Peacekeeping 166.
- Kuperman, Alan. « A Model humanitarian intervention? Reassessing NATO's Libya campaign » (2013) 38:1 International Security 105.
- Labbé, Jérémie, et Arthur Boutellis. « Les opérations de maintien de la paix par procuration : conséquences des partenariats de maintien de la paix de l'ONU avec des forces de sécurité non-onusiennes sur l'action humanitaire » (2013) 95 Revue Intl Croix-Rouge 47.
- Leclec-Gagné, Élise et Charles Létourneau. « Une force permanente pour les Nations Unies: la paix est-elle possible sans une épée? » (2006) 78 Bull Maintien paix 1.

- Lee Gaines, Richard. « On the Road to a Pax U.N.: Using the Peace Tools at Our Disposal in a Post-cold War World » (1993) 25 N.Y.U. J. Int'l L. & Pol. 543.
- Lijn, Jaïr van der. «If Only There Were a Blueprint! Factors for Success and Failure of UN Peace-Building Operations» (2009) 13:1 J Intl Peacekeeping 45.
- McCarthy, Patrick A. « Building a reliable rapid-reaction capability for the United Nations » (2000) 7:2 Intl Peacekeeping 139.
- Mégret, Frédéric. « La responsabilité des Nations Unies aux temps du choléra » (2013) 46 R.B.D.I. 161, 187.
- Miller, Anthony J. « Legal Aspects of Stopping Sexual Exploitation and Abuse in U.N. Peacekeeping Operations » (2006) 39 Cornell Int'l L.J. 71.
- Morrison, Alex. « The Fiction of a U.N. Standing Army » (1994) 18 SPG Fletcher F. World Aff. 83.
- Ndulo, Muna. « The United Nations Responses To The Sexual Abuse And Exploitation Of Women And Girls By Peacekeepers During Peacekeeping Missions » (2009) 27:1 Berkeley J Intl L 127.
- Néel, Lison. « Échecs et compromis de la justice pénale internationale (Note) » (1998) 29:1 Études internationales 85.
- Odello, Marco et Róisín Burke, « Between immunity and impunity: peacekeeping and sexual abuses and violence » (2016) 20:6 Intl J Human Rights 839.
- Østensen, Åse Gilje. « In the Business of Peace: The Political Influence of Private Military and Security Companies on UN Peacekeeping » (2013) 20:1 International Peacekeeping 33.
- Patterson, Malcolm Hugh. « A Corporate Alternative to United Nations *ad hoc* Military Deployments » (2008) 13 J. Conflict & Sec. L. 215.
- Pattison, James. « Humanitarian Intervention and a Cosmopolitan UN Force » (2008) 4:1 J Intl Political Theory 126.
- Richardson, Louise. « Avoiding and Incurring Losses: Decision-Making in the Suez Crisis » (1991) 47 Int'l J. 370
- Rothstein, Laurence I. « Protecting the New World Order: It Is Time to Create a United Nations Army » (1995) 28 Cornell Int'l L.J. 649.
- Ruggeri, Andrea, Theodora-Ismene Gizelis et Han Dorussen. « Managing Mistrust: An Analysis of Cooperation with UN Peacekeeping in Africa » (2012) 57:3 J of Conflict Resolution 387.
- Ryniker, Anne. « Respect du droit international humanitaire par les forces des Nations Unies » (1999) 81 Revue Intl Croix-Rouge 795
- Shotton, Anna. « A strategy to address sexual exploitation and abuse by United Nations peacekeeping personnel » (2006) 39 Cornell Int'l L.J. 97.
- Sloan, James. «The Use of Offensive Force in U.N. Peacekeeping: a Cycle of Boom and Bust? » (2007) 30 Hastings Int'l & Comp. L. Rev. 385.
- Sloan, James. « The Evolution of the Use of Force in UN Peacekeeping » (2014) 37:5 J. Strategic Studies 674.

- Sorel, Jean-Marc. « La responsabilité des Nations Unies dans les opérations de maintien de la paix » (2001) 3 Int'l L.F. D. Int'l 127.
- Urquhart, Brian. « United Nations Peace Forces and the Changing United Nations » (1963) 17:2 International Organization 338.

E-   Dictionnaire et encyclopédie

- Bouchet-Saulnier, Françoise. *Dictionnaire pratique du droit humanitaire: Édition 2013 actualisée et enrichie*, 4ᵉ éd, Paris, La Découverte, 2013.
- *Max Planck Encyclopedia of Public International Law*, New York, Oxford University Press, 2008, en ligne : Oxford Public International Law : <opil.ouplaw.com/home/EPIL>.
- Salmon, Jean J.A., dir. *Dictionnaire de droit international public*, Bruxelles, Bruylant, 2001.

F-   Documents audiovisuels

- « Le drame du choléra en Haïti » (13 octobre 2014), en ligne : France 24 <www.france24.com/fr/20141010-reporters-video-haiti-cholera-seisme-casques-bleus-onu-nepal-nepalais>.
- « ONU et casques bleus: à quand les réformes? », *Radio Télévision Suisse* (24 mai 2010), en ligne : <pages.rts.ch/emissions/geopolitis/1930982-onu-et-casques-bleus-a-quand-les-reformes.html#3739248 >.
- « RDC : à quoi servent les casques bleus ? » *ARTE* (15 janvier 2015), en ligne : < info.arte.tv/fr/rdc-quoi-servent-les-casques-bleus>.
- « The situation in Myanmar - Security Council, 8060th session » (28 septembre 2017), en ligne: UN Web TV <webtv.un.org/search/the-situation-in-myanmar-security-council-8060th-session/5590663848001/?term=myanmar&sort=date>.
- BBC NewsNight, « Srebrenica: How the West failed this safe haven », en ligne: Youtube <www.youtube.com/watch?v=tzBgmUpILIg>.
- Benhamou, Stéphane et Sergio G. Mondelo. « Putains de guerre », *France 3* (20 février 2013), extrait en ligne : Dailymotion <www.dailymotion.com/video/xxssfi >.
- C'est pas sorcier, « Les casques bleus : des soldats pour la paix », en ligne : Youtube <www.youtube.com/watch?v=Kc0rQmDKV_E>.
- Gendron, Guy. « Les casques bleus: les soldats aux mains nues », *Radio-Canada* (4 juin 2013), en ligne : <ici.radio-canada.ca/emissions/tout_le_monde_en_parlait/2013/Reportage.asp?idDoc=294523>
- Global Conversation, « Syria is an example of UN Security Council's failure, says UNHCR chief », en ligne: Youtube <www.youtube.com/watch?v=SAfxLi6-2JQ >.
- Harada, Susan. « 1994: Somalia Inquiry to investigate Canadian military scandal », *CBC* (17 novembre 1994), en ligne:

<www.cbc.ca/archives/entry/1994-somalia-inquiry-to-investigate-canadian-military-scandal>.

- Provencher, Raymonde. « Le Déshonneur des Casques Bleus », *Radio-Canada* (7 novembre 2007), en ligne : Youtube <www.youtube.com/watch?v=9LB6-XgtGbM>.

G- Manuscrits non publiés

- Derrah, Scott Hilton. *Father or Midwife? Lester B. Pearson and the origins of United Nations Peacekeeping*, mémoire de M Sc, University of New Brunswick, 1998 [non publié].
- Kabuya Kalombo, Floyd-Loyf. *La responsabilité des organisations internationales pour dommages causés aux populations civiles. Cas de la force intérimaire des Nations Unies au sud Liban*, mémoire de M Sc, Université protestante au Congo, 2011 [non publié].
- Le Courtois, Sandra. *Exploitation et abus sexuels par du personnel du maintien de la paix : quand les Nations Unies faillissent à la tâche*, mémoire de M Sc, Université du Québec à Montréal, 2009 [non publié].
- Lieverse, Amanda. *A Rapid Reaction Capability for the United Nations: Past Failures and Future Possibilities*, mémoire de M Sc, University of Manitoba, 2006 [non publié].
- O'Brien, Melanie. *National and international criminal jurisdiction over united nations peacekeeping personnel for gender-based crimes against women*, thèse de doctorat en droit, University of Nottingham, 2010 [non publiée].
- Roy, Julie. *Les crimes sexuels et la responsabilité pénale du personnel du maintien de la paix des Nations Unies*, mémoire de M Sc, Université du Québec à Montréal, 2011 [non publié].

H- Articles de journaux

- « Des experts favorables à un tribunal pour les sévices sexuels », *Agence France-Presse* (13 octobre 2015), en ligne : <www.ledevoir.com/international/actualites-internationales/452385/casques-bleus-des-experts-favorables-a-un-tribunal-pour-les-sevices-sexuels>.
- « Viols d'enfants en Centrafrique : l'« échec flagrant » de l'ONU dénoncé », *Agence France-Presse* (17 décembre 2015), en ligne : <www.lapresse.ca/international/afrique/201512/17/01-4932217-viols-denfants-en-centrafrique-lechec-flagrant-de-lonu-denonce.php>.
- « Myanmar refuses visas to UN team investigating abuse of Rohingya Muslims », *The Guardian* (30 juin 2017), en ligne: <www.theguardian.com/world/2017/jun/30/myanmar-refuses-visas-un-abuse-rohingya-muslims >.

- « Myanmar blocks all UN aid to civilians at heart of Rohingya crisis », *The Guardian* (4 septembre 2017), en ligne: <www.theguardian.com/world/2017/sep/04/myanmar-blocks-all-un-aid-to-civilians-at-heart-of-rohingya-crisis >.
- « En Centrafrique, les accusations de viols d'enfants se multiplient contre les soldats étrangers », *Le Monde* (7 janvier 2016), en ligne : <www.lemonde.fr/international/article/2016/01/07/en-centrafrique-les-accusations-de-viols-d-enfants-se-multiplient-contre-les-soldats-etrangers_4843321_3210.html>.
- « Haiti's Imported Disaster », *The New York Times* (12 octobre 2013), en ligne: <www.nytimes.com/2013/10/13/opinion/sunday/haitis-imported-disaster.html>.
- « Le choléra perdure en Haïti », *Radio-Canada avec Associated Press* (3 mars 2016), en ligne : <ici.radio-canada.ca/nouvelles/International/2016/03/03/005-haiti-cholera-oms-aide-zika.shtml>.
- « Où en est le projet de Cour pénale spéciale en Centrafrique? », *RFI* (12 janvier 2017), en ligne : <www.rfi.fr/afrique/20170112-est-le-projet-cour-penale-speciale-centrafrique>.
- « RCA: l'ONU retire les casques bleus de la RDC opérant en Centrafrique », *RFI Afrique* (9 janvier 2016), en ligne : <www.rfi.fr/afrique/2min/20160109-rca-centrafrique-rdc-minusca-retrait-viols>.
- « United Nations must admit its role in Haiti's cholera outbreak », *Washington Post* (16 août 2013), en ligne: <www.washingtonpost.com/opinions/united-nations-must-admit-its-role-in-haitis-cholera-outbreak/2013/08/16/e8411912-05d9-11e3-a07f-49ddc7417125_story.html?utm_term=.3aab0087b2fe>.
- « Attacks against peacekeepers may constitute war crimes – ICC Prosecutors », *UN News Centre* (19 juillet 2013), en ligne: <www.un.org/apps/news/story.asp?NewsID=45457#.WCOFZSR0bB4>.
- « Crimes de guerre : la Centrafrique annonce l'ouverture imminente à Bangui d'un tribunal pénal spécial », *Agence de presse Xinhua* (16 octobre 2016), en ligne : <french.xinhuanet.com/2016-10/16/c_135757028.htm>.
- Abeba, Addis. « Allégations d'abus sexuels par les casques bleus : l'ONU se dit « horrifié » », *Associated Press* (30 janvier 2016), en ligne : <www.lapresse.ca/international/afrique/201601/30/01-4945466-allegations-dabus-sexuels-par-les-casques-bleus-lonu-se-dit-horrifiee-.php>.
- Berthiaume, Lee. « Casques bleus : le Canada veut aider les victimes d'agression », *La Presse* (24 mai 2017), en ligne : <www.lapresse.ca/actualites/politique/politique-canadienne/201705/24/01-5101030-casques-bleus-le-canada-veut-aider-les-victimes-dagressions.php>.

- Biryabarema, Elias. « Ugandan troops committed sexual abuse in Central African Republic, rights group says », Reuters (15 mai 2017), en ligne: <http://af.reuters.com/article/topNews/idAFKCN18B1NJ-OZATP>.
- Boudet, Alexandre. « Soldats français en Centrafrique: comment fonctionne la justice pour les militaires? », *Huffington Post* (30 avril 2015), en ligne : <www.huffingtonpost.fr/2015/04/30/soldats-francais-centrafrique-comment-fonctionne-justice-pour-militaires_n_7178758.html>.
- Charbonneau, Louis. « U.N. registered 99 sex crime allegations against its staff in 2015 », *Reuters* (3 mars 2016), en ligne : <www.reuters.com/article/us-un-peacekeepers-idUSKCN0W605W>.
- Duchaine, Gabrielle. « La Presse en Haïti: à l'épicentre de l'épidémie de choléra », *La Presse* (5 janvier 2017), en ligne : <www.lapresse.ca/international/amerique-latine/201701/05/01-5056762-la-presse-en-haiti-a-lepicentre-de-lepidemie-de-cholera.php>.
- Hurd, Ian. « End the UN's legal immunity », *The Hill* (22 juillet 2016), en ligne: <thehill.com/blogs/congress-blog/judicial/288739-end-the-uns-legal-immunity>.
- Isenberg, David. « UN Use of PMSC? It's a Reality, Not a Hypothetical », *Huffington Post* (1 mars 2012), en ligne: <www.huffingtonpost.com/david-isenberg/united-nations-military-contractors_b_1180272.html>.
- Katz, Jonathan M. « U.N. Admits Role in Cholera Epidemic in Haiti », The New York Times (17 août 2016), en ligne: <www.nytimes.com/2016/08/18/world/americas/united-nations-haiti-cholera.html>.
- Lafon, Cathy. « Six ans de guerre en Syrie et un effroyable bilan », *Sud Ouest* (15 mars 2017), en ligne: <www.sudouest.fr/2017/03/15/six-ans-de-guerre-en-syrie-un-effroyable-bilan-3273322-4803.php>.
- Langille, Peter H. « Preventing Genocide: Time For a UN 911 », *Globe and Mail* (19 octobre 2004), en ligne: <www.theglobeandmail.com/opinion/peter-langille/article20434637>.
- Jones, Kyle T. « The Many Troubles of the ICC - The International Criminal Court's Kafkaesque bureaucracy and obstructive defendants are hindering justice. », *The National Interest* (6 décembre 2012), en ligne: <nationalinterest.org/commentary/the-many-troubles-the-icc-7822>.
- Mounier-Kuhn, Angélique. « Les Opérations de Maintien de la Paix ont 60 ans », *Le Temps (Genève)* (le 29 mai 2008), en ligne : CÉRIUM <archives.cerium.ca/Les-Operations-de-maintien-de-la>.
- Revise, Nicolas. « La diplomatie mondiale s'alarme du budget Trump », *Agence France-Presse* (le 16 mars 2017), en ligne : <www.lapresse.ca/international/etats-unis/201703/16/01-5079355-la-diplomatie-mondiale-salarme-du-budget-trump.php>.

- Rock, Allan. « We must fix the UN's culture of coverups around peacekeeping », *Ottawa Citizen* (13 juin 2016), en ligne: <ottawacitizen.com/opinion/columnists/rock-we-must-fix-the-uns-culture-of-coverups-around-peacekeeping>.
- Van Ouwerkerk, Charlotte. « Massacre de Srebrenica : l'État néerlandais reconnu partiellement responsable », *Agence France-Presse* (27 juin 2017), en ligne : <www.lapresse.ca/international/europe/201706/27/01-5111216-massacre-de-srebrenica-letat-neerlandais-reconnu-partiellement-responsable.php>.

IV. Sites Internet

- Ambrosetti, David. *Département des opérations de maintien de la paix*, en ligne : Réseau de recherche sur les opérations de la paix <www.operationspaix.net/38-resources/details-lexique/departement-des-operations-de-maintien-de-la-paix-de-l-onu.html>.
- Bureau des affaires juridiques, *Traités multilatéraux déposés auprès du Secrétaire général*, en ligne : Nations Unies <https://treaties.un.org/Pages/ParticipationStatus.aspx?clang=_fr>.
- Bureau des avocats internationaux, *Agreement Between the United Nations and the Government of Haiti Concerning the Status of the United Nations Operation in Haiti*, en ligne : <ijdh.org/wordpress/wp-content/uploads/2011/11/4-Status-of-Forces-Agreement-1.pdf>.
- Bureau des avocats internationaux, *Justice for Haiti cholera victims : the lawsuit against the United Nations – Frequently Asked Questions*, en ligne: <www.ijdh.org/wp-content/uploads/2014/12/Cholera-Litigation-FAQ-12.16.2014.pdf>.
- *Burundi : la Commission d'enquête sur les droits de l'homme de l'ONU déplore l'absence de collaboration des autorités*, en ligne : Centre d'actualités de l'ONU <www.un.org/apps/newsFr/storyF.asp?NewsID=39120>.
- *Burundi : l'ONU dénonce les chants appelant au viol des femmes de l'opposition*, en ligne : Centre d'actualités de l'ONU <www.un.org/apps/newsFr/storyF.asp?NewsID=39321>.
- *Brigade multinationale d'intervention rapide des forces en attente des Nations Unies (BIRFA)*, en ligne : Réseau de recherche sur les opérations de paix <www.operationspaix.net/16-resources/details-lexique/brigade-multinationale-d-intervention-rapide-des-forces-en-attente-des-nations-unies-birfa-.html>.
- *Crise de Suez*, en ligne : Encyclopédie canadienne <www.encyclopediecanadienne.ca/fr/article/crise-de-suez/>.
- Conduct and Discipline Unit, *Conduct in UN Field Missions - Sexual Exploitation and Abuse*, en ligne: Nations Unies <conduct.unmissions.org/table-of-allegations>.

- Conduct and Discipline Unit, *Statistics - Allegations Against Uniformed Personnel by Nationality (Sexual Exploitation and Abuse)*, en ligne: Nations Unies <cdu.unlb.org/Statistics/DetailedOverviewofAllegationsfrom2015onward /AllegationsAgainstUniformedPersonnelbyNationalitySexualExploitation andAbuse.aspx>.

- *Convention pour la prévention et la répression du crime de génocide, 9 décembre 1948*, en ligne : Comité international de la Croix-Rouge <ihl-databases.icrc.org/applic/ihl/dih.nsf/Treaty.xsp?action=openDocument& documentId=CE17A54F9D5F0E4AC12563F70056D774>.

- Département de l'information, *Budget des Nations Unies*, en ligne : Nations Unies <www.un.org/fr/aboutun/budget>.

- Département de l'information, *Comité d'état-major des Nations Unies*, en ligne : Nations Unies <www.un.org/sc/suborg/fr/subsidiary/msc>.

- Département de l'information, *List of Peacekeeping Operations*, en ligne : Nations Unies <peacekeeping.un.org/sites/default/files/180413_unpeacekeeping-operationlist_2.pdf>.

- Département de l'information, *Opérations de maintien de la paix*, en ligne : Nations Unies <www.un.org/fr/aboutun/budget/peacekeeping.shtml>.

- Département des opérations du maintien de la paix, *Contributors to United Nations peacekeeping operations*, en ligne : Nations Unies <www.un.org/en/peacekeeping/contributors/2017/mar17_1.pdf>.

- Département des opérations de maintien de la paix, *La réforme des opérations*, en ligne : Nations Unies <www.un.org/fr/peacekeeping/operations/reform.shtml>.

- Département des opérations de maintien de la paix, *MINUAR*, en ligne : Nations Unies <www.un.org/fr/peacekeeping/missions/past/unamir>.

- Département des opérations de maintien de la paix, *MINUSTAH*, en ligne : Nations Unies <www.un.org/fr/peacekeeping/missions/minustah>.

- Département des opérations de maintien de la paix, *Un « nouvel horizon »*, en ligne : Nations Unies <www.un.org/fr/peacekeeping/operations/newhorizon.shtml>

- Département des opérations de maintien de la paix, *Fiche d'information sur les opérations de maintien de la paix en cours*, en ligne : Nations Unies <www.un.org/fr/peacekeeping/resources/statistics/factsheet.shtml>.

- Département des opérations de maintien de la paix, *Les opérations de maintien de la paix*, en ligne : Nations Unies <www.un.org/fr/peacekeeping/operations>.

- Département des opérations de maintien de la paix, *Maintien de la paix*, en ligne : Nations Unies <www.un.org/fr/peacekeeping>.

- Département des opérations de maintien de la paix, *MINUSCA*, en ligne : Nations Unies <www.un.org/fr/peacekeeping/missions/minusca/background.shtml>.

- Département des opérations de maintien de la paix, *Mission des Nations Unies en République démocratique du Congo - Mandat*, en ligne: Nations Unies
  <www.un.org/fr/peacekeeping/missions/past/monuc/mandate.shtml>.
- Département des opérations de maintien de la paix, *Troop and police contributors*, en ligne : Nations Unies
  <www.un.org/en/peacekeeping/resources/statistics/contributors.shtml>.
- *Éléments des crimes*, en ligne : CPI <www.icc-cpi.int/NR/rdonlyres/7730B6BF-308A-4D26-9C52-3E19CD06E6AB/0/ElementsOfCrimesFra.pdf>.
- Elias, Anne. *Éthique et maintien de la paix*, en ligne : Peace Operations Training Institute
  <cdn.peaceopstraining.org/course_promos/ethics/ethics_french.pdf>.
- *Haiti: Five years on, no justice for the victims of the cholera epidemic*, en ligne: Amnesty International
  <www.amnesty.org/download/Documents/AMR3626522015ENGLISH.pdf>.
- Hüfner, Klaus. *United Nations Regular Budget: Comparison of Budget Levels from Initial Appropriations to de Facto Expenditure*, en ligne: Global Policy Forum <www.globalpolicy.org/un-finance/tables-and-charts-on-un-finance/the-un-regular-budget/27465.html>.
- Human Rights Watch, *Haïti – Event of 2015*, en ligne: <www.hrw.org/world-report/2016/country-chapters/haiti>.
- IHS, *Global Defence Budgets Overall to Rise for First Time in Five Years*, en ligne : <news.ihsmarkit.com/press-release/aerospace-defense-terrorism/global-defence-budgets-overall-rise-first-time-five-years>.
- *Journée internationale des Casques bleus des Nations Unies*, en ligne : Nations Unies <www.un.org/fr/events/peacekeepersday >.
- Langholtz, Harvey J. *Principes et orientations des opérations de maintien de la paix des Nations Unies*, en ligne : Peace Operations Training Institute <www.peaceopstraining.org/users/courses/1067149/principes-et-orientations>.
- Langille, Peter H. *Conflict Prevention: Options for Rapid Deployment and UN Standing Forces*, en ligne: Global Policy Forum <www.globalpolicy.org/component/content/article/199/40962.html>.
- Langille, Peter H. *How the UN could develop an Emergency Peace Service – and why it should*, en ligne: openDemocracy <www.globalcommonsecurity.org/gcs/wp-content/uploads/2011/09/How-the-UN-could-develop-an-Emergency-Peace-Service-OD-09-2016.pdf>.
- Langille, Peter H. *Improving United Nations Capacity for Rapid Deployment*, en ligne : International Peace Institute <s3.amazonaws.com/piquant/Langille/HPL+Improving+UN+Rapid+Deployment.pdf>.

- Langille, Peter H. *Time for a United Nations Emergency Peace Service*, en ligne: World Federalist Movement – Canada <www.globalcommonsecurity.org/gcs/wp-content/uploads/2015/11/HPL-UNEPS-for-H-L-Panel-March-18-2015-fnl-docx-2.pdf>.
- *Le Secrétaire général de l'ONU s'engage devant le Conseil de sécurité à améliorer des opérations de maintien de la paix « aux abois »*, en ligne : Nations Unies <www.un.org/press/fr/2017/cs12781.doc.htm>.
- Liégeois, Michel, *Le rôle des organisations régionales dans le maintien de la paix et de la sécurité internationales*, 2010, en ligne : Université catholique de Louvain <www.uclouvain.be/cps/ucl/doc/spri/images/Communication_M._Liegeois.pdf>.
- Mattioli-Zeltner, Géraldine. *Un nouveau niveau de justice : La Cour pénale spéciale en République centrafricaine*, en ligne : Human Rights Watch <www.hrw.org/fr/news/2015/07/13/un-nouveau-niveau-de-justice-la-cour-penale-speciale-en-republique-centrafricaine>.
- Médecins sans frontières, *Conflit armé international*, en ligne : Dictionnaire pratique du droit humanitaire <dictionnaire-droit-humanitaire.org/content/article/2/conflit-arme-international>.
- *Military expenditure*, en ligne : Stockholm International Peace Research Institute <www.sipri.org/research/armament-and-disarmament/arms-transfers-and-military-spending/military-expenditure>.
- Novosseloff, Alexandra. *Rapport Brahimi*, en ligne : Réseau de recherche sur les opérations de paix <www.operationspaix.net/137-resources/details-lexique/rapport-brahimi.html>.
- *Les États parties au Statut de Rome*, en ligne : CPI <asp.icc-cpi.int/fr_menus/asp/states parties/Pages/the states parties to the rome statute.aspx>.
- *Opérations en cours*, en ligne : Réseau de recherche sur les opérations de paix <www.operationspaix.net/operations-en-cours.html>.
- Porte-parole du Secrétaire général Ban Ki-moon, *Statement attributable to the Spokesperson for the Secretary-General on the Independent Expert Panel's report regarding the Cholera outbreak in Haiti*, en ligne: Nations Unies <www.un.org/sg/STATEMENTS/index.asp?nid=5245>.
- *Profil et sélection des enquêteurs*, en ligne : Bureau des enquêtes indépendantes <www.bei.gouv.qc.ca/enqueteurs/profil-et-selection.html>.
- Rojas, Pedro Medrano. *Lettre datée du 25 novembre 2014 envoyée à mesdames Farha et de Albuquerque et messieurs Gallón et Pūras, titulaires de mandat au titre des procédures spéciales*, en ligne : SCRIBD <fr.scribd.com/doc/261396640/>.
- *Rwanda, survivre à un génocide – 100 jours de massacres*, en ligne : Radio-Canada <ici.radio-canada.ca/nouvelles/dossiers/rwanda/rwanda_2.html>.

- *Rwanda, survivre à un génocide – Les racines de la haine*, en ligne : Radio-Canada <ici.radio-canada.ca/nouvelles/dossiers/rwanda/rwanda_1.html>.
- Schaefer, Brett D. *Haiti Cholera Lawsuit Against the U.N.: Recommendations for U.S. Policy*, en ligne: The Heritage Foundation <www.heritage.org/research/reports/2013/11/haiti-cholera-lawsuit-against-the-un-recommendations-for-us-policy>.
- *The Rohingya Crisis*, en ligne: Council on Foreign Relations <www.cfr.org/backgrounder/rohingya-crisis>.
- *Traités, États parties et Commentaires*, en ligne : CICR <ihl-databases.icrc.org/applic/ihl/dih.nsf/vwTreatiesByTopics.xsp>.
- *UN Accountability Pledge*, en ligne : Code Blue <www.codebluecampaign.com/press-releases/2016/7/27>.
- Unicef, *Haïti en chiffres*, en ligne : <www.unicef.org/haiti/french/overview_16366.htm>.
- Union européenne, *Budget*, en ligne : <europa.eu/european-union/topics/budget_fr>.
- *United Nations Emergency Peace Service (UNEPS)*, en ligne: Global Common Security <www.globalcommonsecurity.org/gcs/initiatives/united-nations-emergency-peace-service-uneps/ >.
- World Public Opinion, *World Publics Favor New Powers for the UN*, en ligne: <worldpublicopinion.net/world-publics-favor-new-powers-for-the-un>.